LETTRES

LETTRES SUR L'HISTOIRE.

LETTRE SEPTIE'ME,

Esquisse historique de l'état de l'Europe, depuis le Traité des Pyrenées en 1659. jusqu'à l'année 1688.

(1736.)

MONSIEUR,

LA premiere observation que je ferai sur notre troisiéme période de l'Histoire moderne, c'est que, comme l'attention & l'inquiétude des Puissances de l'Europe eut principalement pour objet, pendant la premiere de

LETTRES SUR L'HISTOIRE,

PAR HENRY SAINT-JEAN,
LORD VICOMTE
BOLINGBROKE,

Traduites de l'Anglois.

TOME SECOND.

Esquisse historique de l'état de l'Europe depuis le Traité des Pyrénées jusqu'à celui d'Utrecht.

M. DCC. LII.

TABLE

DU TOME SECOND.

Lettre septiéme, Esquisse historique de l'état de l'Europe, depuis le Traité des Pyrénées en 1659 jusqu'à l'année 1688.

Lettre huitiéme, continuation du même sujet, depuis 1688 jusqu'en 1713.

ces périodes, l'ambition de Charles-Quint qui réunissoit en sa personne toute la puissance de la Maison d'Autriche, & ensuite l'esprit turbulent, la cruauté & l'intolérance de Philippe II son fils ; & comme l'ambition de Ferdinand II & de Ferdinand III s'attira la même attention & causa la même inquiétude pendant la seconde période, ces deux Empereurs ne visant à rien moins, qu'à exterminer le parti Protestant., & sous ce prétexte à subjuguer toute l'Allemagne ; ainsi l'affaire principale de l'Europe, pendant la plus grande partie de la période présente, a été de mettre opposition à l'accroissement de la puissance de la France, ou pour parler plus proprement, à l'exorbitante ambition de la Maison de Bourbon.

Le projet d'aspirer à la Monarchie universelle fut imputé à Charles-Quint, aussi-tôt qu'il commença à donner des preuves de son ambition & de sa capacité : le même projet fut imputé à Louis XIV, aussi-tôt qu'il commença à sentir sa propre force & la foiblesse de ses voisins. Je crois qu'aucun de ces Princes ne fut porté ni par les flateries de ses Courtisans, ni par les appréhensions de ses adversaires, à se repaître d'un projet aussi chimérique que celui-là l'auroit été, à prendre même les termes de Monarchie universelle dans le sens faux qu'on lui donne si souvent ; & je me trompe très-fort si l'un ou l'autre étoit d'un caractere ou dans une position à l'entreprendre. L'un & l'autre avoient fort à cœur d'élever de plus en plus leurs familles & d'étendre leur empire ; mais ni l'un ni l'autre n'avoit cette ambition déterminée & hasardeuse qui fait le Conquerant & le Héros. Cependant ces allarmes furent données sagement & prises utilement : On ne sauroit les donner ni les prendre trop tôt quand il s'éleve des Puissances comme celles-là ; parce que si de telles Puissances sont assiégées de bonne heure par la politique commune & la vigilance de leurs voisins, chacune d'elles à son tour pourra dans sa force faire une sortie & gagner un peu de terrein ; mais aucune ne sera capable de pousser loin ses conquêtes, & beaucoup moins de consommer entierement les projets de son ambition.

Outre l'opposition que Charles-Quint

Quint rencontra en différentes occurrences de la part de notre Henri VIII, selon les différentes boutades de l'humeur où il se trouvoit, de la part des Papes selon la diversité de leurs intérêts particuliers, & de la part des Princes d'Allemagne, selon les occasions ou les prétextes que la Religion ou la liberté civile leur en fournirent; dès le commencement de son Regne, il eut en François I un Rival & un ennemi, qui ne défendit point sa cause d'un air ni d'un ton à faire pitié*, comme nous avons vu de nos jours la Maison d'Autriche mandier du secours pour ses Etats aux portes de tous les Palais de l'Europe. François I joua le principal rolle dans ses querelles, entretint ses Armées à ses propres dé-

* *In forma pauperis.*

pens, combattit en personne à la tête de ses Troupes, & quoique sa valeur n'ait pas seule empêché Charles Quint de subjuguer toute l'Europe (comme Bayle l'assure quelque part*), mais qu'une multitude d'autres circonstances qu'il est aisé de suivre dans l'Histoire y ayent concouru, il contribua néanmoins par ses victoires, & même par ses défaites, à consumer la force & à arrêter les cours des progrès de cette Puissance.

Louis XIV ne trouva point de Rival de cette espece dans la Maison d'Autriche, & n'eut effectivement aucun ennemi de cette importance à combattre, jusqu'à ce que le Prince

---

* Soit par une flatterie affectée, soit parce qu'il n'excelloit pas dans la Politique comme dans la Littérature.

d'Orange devint Roi de la Grande-Bretagne; & il eut de grands avantages à plusieurs autres égards, qu'il est nécessaire de considérer afin de porter un jugement vrai sur les affaires de l'Europe depuis l'an mil six cens soixante. Vous trouverez dans la conduite des deux Cardinaux Richelieu & Mazarin, les premiers de ces avantages & ceux d'où dériverent tous les autres. Richelieu forma le grand projet & posa les fondemens ; Mazarin suivit le projet & éleva l'Edifice. Si je ne me trompe extrêmement, Monsieur, il y a peu de traits dans l'histoire qui méritent plus votre attention, que la conduite que tint le premier & le plus grand de ces Ministres en posant les fondemens dont je parle. Considerez comment il aida à embrouiller les affaires de tous côtés, & à tenir la Maison d'Autriche, pour ainsi dire, en échec ; comment il entra dans les querelles de l'Italie contre l'Espagne (l'une concernant la Valteline, & l'autre concernant la succession de Mantoue) sans s'y engager assez avant pour se distraire d'un autre grand objet de sa politique, qui étoit de réduire la Rochelle, & de désarmer les Huguenots. Observez que dès qu'il en fut venu à bout, il se tourna vers l'Allemagne pour arrêter les progrès de Ferdinand. Tandis que l'Espagne fomentoit les mécontens à la Cour & les troubles dans le Royaume de France par tous les moyens possibles, même en prenant des engagemens avec le Duc de Rohan pour soutenir les Protestans ; Richelieu favorisoit le même parti en Allemagne contre Ferdinand, & dans les Pays-Bas contre l'Espagne. L'Empereur étoit devenu presque le maître en Allemagne; Christiern IV Roi de Dannemark avoit été à la tête d'une ligue dans laquelle les Provinces-Unies, la Suede & la Basse-Saxe étoient entrées pour s'opposer à ses progrès; mais Christiern avoit été défait par Tilly & Walstein, & obligé à conclure un traité à Lubec où Ferdinand lui donna la loi. Ce fut alors que Gustave Adolphe, avec qui Richelieu fit alliance, entra dans cette guerre & en fit bientôt tourner la chance. Le Ministre François n'avoit pas encore engagé son Maître ouvertement dans la guerre. Mais lorsque le Roi de Suede eut été tué & la bataille de Nortlingue perdue ; que les Hollandois s'impatienterent & menacerent de renouveller leur trève avec l'Espagne, à moins que la France ne se déclarât ; que la Saxe se fut retournée du côté de l'Empereur, & que le Brandebourg & tant d'autres eurent suivi cet exemple, la Hesse persistant presque seule dans l'alliance de la Suede ; alors Richelieu engagea son Maître, & profita de toutes les circonstances que la conjoncture lui fournit pour l'engager avec avantage. En premier lieu il trouva un double avantage à s'engager si tard : celui d'entrer frais dans la mêlée contre un ennemi las & presque épuisé ; & celui de céder à l'impatience de ses amis fatigués, qui pressés par leurs nécessités & par le besoin qu'ils avoient de la France, donnerent à ce Ministre la facilité de pouvoir dans tous ses traités avec la Hollande, la Suede & les Princes & Etats de l'Empire, fonder des droits & établir des prétentions sur lesquelles il avoit projetté l'aggrandissement de la France. La maniere dont il s'engagea, & l'air qu'il donna à son engagement furent des avantages d'une autre espece, avantages de réputation & de crédit ; cependant ils ne furent pas d'une petite conséquence dans le cours de la guerre, & ils opererent efficacement en faveur de la France (comme il se l'étoit proposé) même après sa mort, lors & ensuite des traités de Westphalie. Il colora son ambition des prétextes les plus plausibles & les plus populaires : L'Electeur de Treves s'étoit mis sous la protection de la France ; & (si je m'en souviens bien) il avoit fait cette démarche dans un tems où l'Empereur n'étoit pas en état de le protéger contre les Suédois qu'il avoit raison d'appréhender ; n'importe, le Gouverneur de Luxembourg eut ordre de surprendre Treves & d'arrêter l'Electeur : il exécuta ses ordres avec succès, & emmena ce Prince prisonnier en Brabant. Richelieu saisit cette heureuse circonstance, il reclama l'Electeur ; & sur le refus du Cardinal Infant, il déclara la guerre. Le Roi de France parut, comme vous voyez, l'ami commun de la liberté, son défenseur dans les Bays-Bas contre le Roi d'Espagne, & en Allemagne contre l'Empereur, aussi-bien que le protecteur des Princes de l'Empire, dont plufieurs avoient vû leurs Etats envahis fans caufe légitime, & dont les perfonnes n'étoient plus à l'abri de la violence dans leurs propres Palais.

Toutes ces apparences furent confervées dans les négociations à Munfter où Mazarin recueillit ce que Richelieu avoit femé. Les demandes que la France fit pour elle-même furent très-grandes ; mais la conjoncture étoit favorable, & elle l'éprouva au dernier point. Nul rolle ne pouvoit être plus flatteur que le fien à la tête de ces négociations, ni plus mortifiant que celui de l'Empereur dans tout le cours du traité. Les Princes & Etats de l'Empire avoient été traités par l'Empereur comme vaffaux ; la France les détermina à traiter avec lui dans cette occafion comme Souverains, & elle les soutint dans cette résolution. Pendant que la Suéde sembloit ne s'intéresser que pour le parti Protestant seul, & ne montroit aucun autre objet, comme elle n'avoit aucune autre alliance ; la France affecta de paroître impartiale aux Protestans comme aux Catholiques, & de n'avoir d'autre intérêt à cœur que l'intérêt commun du Corps Germanique. Ses demandes étoient excessives, mais elles devoient être remplies principalement aux dépens des Domaines héréditaires de l'Empereur ; ç'avoit été l'art de ses Ministres d'établir sur plusieurs expériences particulieres cette maxime générale que la grandeur de la France étoit une sûreté réelle, & seroit une garantie constante pour les droits & les libertés de l'Empire contre l'Empereur ; ainsi il n'est pas étonnant, cette maxime étant reçue, les injures, les ressentimens & les jalousies étant récentes d'un côté, & les services, les obligations & la confiance de l'autre, que les Allemans n'ayent pas été fâchés de voir la France étendre son empire du côté du Rhin, pendant que la Suede en faisoit autant du côté de la mer Baltique. Ces traités, & la considération, & le crédit immense que la France avoit acquis par-là dans l'Empire, ôterent le pouvoir à l'une des branches de la Maison d'Autriche de rendre à l'autre les secours dont elle lui étoit redevable, dans la guerre qui continua entre la France & l'Espagne jusqu'au Traité des Pyrenées : traité qui non seulement porta à son comble & assura la supériorité de la Maison de Bourbon sur celle d'Autriche, mais qui servit encore de base au grand projet de réunir sous la premiere les Monarchies de France & d'Espagne.

La troisiéme période commence donc par un grand changement de la balance de puissance en Europe, & par l'attente d'un changement plus grand encore & plus fatal. Avant que de descendre dans les détails que je me propose de rapporter du cours des affaires & de la conduite politique des principales Puissances de l'Europe durant cette troisiéme période, permettez-moi de jetter encore un coup d'œil sur la seconde: la réflexion que je vais faire me semble importante, & conduit à tout ce qui doit suivre.

Les Hollandois firent leur paix séparément à Munster avec l'Espagne, qui reconnut alors leur Souveraineté & l'indépendance de leur République; les François qui avoient été (après notre Elisabeth) leur principal support, leur reprocherent vivement ce manque de foi. Ils s'excuserent de leur mieux, & en rendirent les meilleures raisons qu'ils purent: vous trouverez tout cela, Monsieur, dans les monumens de ce tems; mais il me paroît assez probable qu'ils avoient un motif que vous n'y trouverez pas, & qui n'étoit pas propre à alléguer aux François pour raison ou pour excuse. Les plus sages d'entre eux ne pouvoient-ils pas considerer dès-lors (outre les avantages présens que leur République retiroit de ce Traité) que la puissance Impériale étoit abbatue; que celle d'Espagne étoit extrêmement abaissée, que la Maison d'Autriche n'étoit plus que l'ombre d'un grand nom, & que la Maison de Bourbon s'avançoit à grands pas à un degré de puissance aussi exorbitant & aussi formidable que celle de l'Autriche l'avoit été entre les mains de Charles-Quint, de Philippe II, & des deux derniers Ferdinands ? Ne pouvoient-ils pas prévoir dès-lors ce qui arriva très-peu d'années après, qu'ils furent obligés pour leur propre sureté de secourir les Espagnols leurs anciens ennemis, contre les François leurs anciens amis ? Je pense qu'ils pouvoient le soupçonner. Notre Charles I n'étoit pas un grand Politique, & cependant il parut s'appercevoir que la balance de puissance tournoit en faveur de la France, quelques années avant les Traités de Westphalie: il refusa d'être neutre, & menaça de prendre parti pour l'Espagne, si les François suivoient le projet d'assiéger Dunkerque & Graveline, comme il avoit été concerté entr'eux & les Hollandois, en conséquence d'un Traité de partage des Pays-Bas Espagnols que Richelieu avoit négocié. Où Cromwel ne s'apperçut pas de ce changement de la balance de puissance long-tems après, lorsqu'il étoit beaucoup plus visible ; ou l'appercevant, des vues d'intérêt particulier l'engagerent à agir contre l'intérêt général de l'Europe. Cromwel se joignit avec la France contre l'Espagne. Il est vrai qu'il y gagna la Jamaïque & Dunkerque ; mais il réduisit les Espagnols dans la nécessité de faire avec la France une paix qui a troublé la paix du monde pendant près de quatre-vingt ans, & dont les conséquences ont presque réduit de nos jours à la mendicité la Nation qu'il avoit autrefois réduite en servitude. Il y a une Tradition, * que Cromwel étoit en Traité avec l'Espagne & prêt à tourner ses armes contre la France lorsqu'il mourut. Si ce fait étoit certain, quelque peu de vénération que j'aye pour sa mémoire, j'aurois quelque regret qu'il fût mort si tôt. Mais quelles que fussent ses intentions, nous devons lui imputer en grande partie le Traité des Pyrenées

* Je la tiens de gens qui avoient vécu de ce tems-là, & je crois qu'elle venoit de Thurlo.

& ses fatales conséquences. Les Espagnols abhorroient la pensée de marier leur Infante à Louis XIV: ce fut sur cet article qu'ils rompirent la négociation que Lionne avoit commencée; & vous reconnoîtrez, Monsieur, que s'ils la reprirent ensuite & offrirent le mariage qu'ils avoient refusé auparavant, la ligue de Cromwel avec la France fut le principal motif de cette variation dans leurs résolutions.

Le point précis auquel la balance de puissance tourne, est (comme celui du solstice dans l'un ou l'autre Tropique) imperceptible à une observation commune; & dans un cas comme dans l'autre, il faut qu'il se fasse quelque progrès suivant la nouvelle direction, avant que l'on s'apperçoive du changement. Ceux qui font du côté qui baiſſe * ne reviennent pas facilement des préjugés habituels d'une ſupériorité d'opulence ou de puiſſance, d'habileté ou de courage, ni de la confiance que ces préjugés inſpirent ; ceux qui s'élévent ne ſentent pas non plus leurs forces & ne prennent pas incontinent cette confiance qu'une expérience heureuſe leur donne par la ſuite ; enfin ceux qui ont le plus d'intérêt à veiller aux variations de cette balance ſe méprennent ſouvent de la même maniere, & en conſéquence des mêmes préjugés, ils continuent à craindre une puiſſance qui n'eſt plus en état de leur nuire, ou à n'avoir au-

* Car dans la balance politique, au contraire de toutes les autres, le côté qui ſe vuide baiſſe, & celui qui ſe remplit s'éléve.

cune appréhension d'une puissance qui devient de jour en jour plus formidable. L'Espagne vérifia la premiere observation à la fin de la seconde période, lorsque fiere & pauvre, entreprenante & foible, elle se croyoit toujours en état de lutter contre la France ; la France vérifia la seconde observation au commencement de la troisiéme période, lorsque la triple alliance arrêta le progrès de ses armes, ce que des Ligues beaucoup plus considérables ne furent pas capables de faire par la suite ; les autres principales Puissances de l'Europe ont à leur tour vérifié la troisiéme observation dans chacune de ses parties pendant tout le cours de ces mêmes périodes.

Quand Louis XIV prit l'administtration des affaires en ses propres mains vers l'an 1660, il étoit dans la fleur de son âge, & avoit les avantages de la jeunesse & ceux de l'expérience tout ensemble, ce que les Princes ont rarement. Leur éducation est généralement mauvaise *. Celle de Louis XIV avoit été aussi mauvaise que celles des autres Princes à tous égards, à l'exception d'un seul. Il plaisantoit quelquefois lui-même sur son ignorance, & il y avoit dans son caractere d'autres défauts provenant de son éducation qu'il ne voyoit pas. Mais Mazarin l'avoit initié de bonne heure dans les mysteres de sa politique; il avoit vû poser une bonne par-

* C'est pour cette raison que la naissance Royale, qui chez les autres Peuples donne un droit au Trône, en donnoit une exclusion absolue parmi les Mammelus.

tie des fondemens sur lesquels devoit être élevé l'édifice de sa grandeur future; & comme Mazarin finit l'ouvrage commencé par Richelieu, il avoit les leçons de l'un & l'exemple de tous les deux pour s'instruire ; il avoit acquis l'habitude du secret & de la méthode dans les affaires, de la réserve, de la discrétion, de la décence & de la dignité dans le maintien ; s'il n'a pas été le plus grand Roi, on peut dire au moins que jamais personne n'a représenté sur le Trône avec plus de Majesté. Il ne manquoit aucunement de cette espece de courage que l'on appelle communément bravoure (quoiqu'au milieu de ses plus grands triomphes, il ait été accusé d'en manquer) ni de cette autre espece de courage moins éblouissant & plus rare, de cette résolution calme, ferme, inébranlable qui semble moins dépendante de la complexion du corps & que l'on appelle pour cette raison, courage de l'esprit; il avoit très-certainement l'un & l'autre, & j'en pourrois apporter pour preuves des anecdotes incontestables ; il étoit en un mot fort supérieur à tous les Princes avec qui il eut à faire quand il commença à gouverner. Il étoit environné de grands Capitaines formés dans les guerres précédentes; & de grands Ministres formés à la même école que lui-même. Ceux qui avoient travaillé sous Mazarin travaillerent sur le même plan sous lui ; & outre qu'ils avoient les avantages du génie & de l'expérience sur la plupart des Ministres des autres Pays, ils avoient encore d'autres avantages sur ceux qui pouvoient leur être égaux ou supérieurs, celui de servir un Maître dont l'autorité absolue étoit établie, & celui d'une situation où ils pouvoient déployer toute leur capacité sans contradiction, situation bien différente de celle (par exemple) où votre bisayeul se trouva placé dans ce même tems en Angleterre, & Jean de Wit en Hollande. Entre les Ministres François, Colbert mérite qu'on en fasse une mention particuliere en cette occasion, parce que ce fut lui qui augmenta extrêmement les richesses, & conséquemment la puissance de la France, par l'ordre qu'il mit dans les Finances & par l'encouragement qu'il donna au Commerce & aux Manufactures. Tel est le sol, le terroir, la situation de la France, l'intelligence, l'industrie, la vivacité de ses Habitans, elle a si peu de besoin des productions des autres Pays, & les autres Pays ont tant de besoins réels ou imaginaires de se fournir de ce qu'elle produit, que lorsqu'elle n'est pas en guerre avec tous ses voisins, que son repos intérieur est assuré & que l'administration de son Gouvernement se rend un peu supportable, elle ne sauroit manquer de s'enrichir aux dépens de ceux qui commercent avec elle & de ceux même qui n'y commercent point directement. Ses colifichets, ses modes, les folies & les extravagances de son luxe coûtoient à l'Angleterre vers le tems dont nous parlons approchant de huit cens mille livres sterling par an, & aux autres Nations à proportion. Colbert fut tirer tout le parti possible de ces circonstances avantageuses, & en même-tems qu'il remplissoit l'éponge de la Nation, il apprenoit à ses successeurs à la presser ; secret qu'il se repentit, dit-on, d'avoir découvert, quand il vit les sommes immenses qu'absorboit continuellement le goût insatiable de son Maître pour la magnificence. Tel étoit le caractére de Louis XIV, & tel étoit l'état de son Royaume au commencement de cette troisiéme période. Si sa puissance étoit grande, ses prétentions l'étoient encore davantage. Il avoit renoncé & autorisé l'Infante à renoncer à tous ses droits à la succession d'Espagne dans les termes les plus forts que la prévoyance du Conseil d'Espagne pût imaginer. N'importe, quoiqu'il eût consenti à ces renonciations, vous reconnoîtrez, Monsieur, par les Lettres de Mazarin & par d'autres Mémoires, qu'il agissoit dès le commencement sur un principe contraire, ce qu'il avoua bien tôt après. On croiroit qu'une telle puissance & de telles prétentions auroient dû donner incontinent l'allarme au reste de l'Europe. Philippe IV étoit cassé & sur son déclin, comme la Monarchie qu'il gouvernoit; un de ses fils mourut, autant que je puis m'en souvenir, durant les Négociations qui précéderent le Traité de 1660, & celui qui lui restoit, qui a été le Roi Charles II, languit plutôt qu'il ne vécut depuis le berceau jusqu'au cercueil. Le danger imminent de l'union de deux Monarchies telles que la France & l'Espagne étant donc pour ainſi dire palpable quarante ans durant, on imagineroit que les principales Puiſſances de l'Europe eurent conſtamment en vûe durant ce même tems les moyens de la prévenir; mais il n'en fut pas ainſi. La France ſe conduiſit fort méthodiquement depuis l'an 1660, juſqu'à la mort de Charles II Roi d'Eſpagne; elle ne perdit jamais de vue ſon grand objet, la ſucceſſion de toute la Monarchie Eſpagnole; & elle accepta le Teſtament du Roi d'Eſpagne en faveur du Duc d'Anjou. Durant tout cet intervalle, elle ne perdit pas une occaſion d'accroître ſa puiſſance en attendant celle de réuſſir dans ſes prétentions. Les deux branches de la Maiſon d'Autriche n'étoient pas en ſituation de former une oppoſition conſidérable à ſes projets ni à ses entreprises. La Hollande qui étoit de toutes les autres Puissances la plus intéressée à s'y opposer, se trouvoit alors agitée par deux factions qui l'empêcherent de suivre ses vrais intérêts. La bonne politique vouloit qu'elle fît tous ses efforts pour s'unir étroitement & intimement avec l'Angleterre après le rétablissement du Roi Charles ; elle fit tout le contraire. Jean de Wit gouvernoit à la tête de la faction de Louvenstein, & comme ce Parti étoit intéressé à tenir bas la Maison d'Orange, il cultiva l'amitié de la France & négligea celle de l'Angleterre. L'alliance entre notre Nation & les Provinces Unies fut renouvellée, je crois en 1662 ; mais ceux-ci avoient fait peu auparavant avec la France une

Ligue défensive, principalement sur la suppofition d'une guerre prochaine avec l'Angleterre. La guerre devint bien tôt inévitable : Cromwel avoit châtié les Hollandois pour leurs ufurpations dans le Commerce, & pour les outrages & les cruautés qu'ils avoient commifes, mais il ne les avoit pas corrigés : la même audace continua de la part des Hollandois, les mêmes reffentimens de la part des Anglois, & la querelle des Marchands devint la querelle des Nations. La France prit parti en cette guerre pour la Hollande, mais le peu d'affiftance qu'elle lui donna fit connoître affez clairement que fon intention étoit de voir ces deux Puiffances confumer leurs forces l'une contre l'autre, tandis qu'elle étendroit fes conquêtes dans les Pays-Bas Espagnols. Son irruption subite dans ces Provinces obligea de Wit à changer de conduite. Jusques-là il avoit été attaché à la France de la maniere la plus étroite, il avoit fait servir sa République à tous les desseins de Louis XIV, & avoit renouvellé avec le Maréchal d'Estrades un projet de partage des Pays-Bas Espagnols entre la France & la Hollande, projet formé long-tems auparavant, & dont Richelieu avoit fait usage pour flatter l'ambition des Hollandois & les engager à prolonger la guerre contre l'Espagne; projet absolument semblable à celui dont on les a bercés par les fameux Préliminaires & l'extravagant Traité de la Barriere en 1709, & qui les a engagés à continuer par un motif d'ambition une guerre dans laquelle ils étoient entrés avec des vues plus raisonnables & plus modérées.

Comme les intérêts particuliers des deux de Wit empêcherent cette République de se tenir sur ses gardes contre la France aussi-tôt qu'elle auroit dû le faire, de même la politique mal entendue de la Cour d'Angleterre, & les vues courtes & l'humeur prodigue du Prince par qui elle étoit gouvernée, donnerent de grands avantages à Louis XIV pour avancer ses projets. Il acheta Dunkerque; & vous savez, Monsieur, combien on cria à cette occasion contre votre illustre bisayeul, comme s'il eût été seul responsable de ce fait, & que son intérêt particulier y eût été mêlé. J'ai entendu feu notre ami M. George Clarke citer un témoin (qui étoit au-deſſus de tout reproche, mais dont je ne puis me rappeller le nom à préſent) qui aſſuroit pluſieurs années après la mort de Mylord Clarendon, que le Comte de Sandwich lui avoit avoué, que lui-même, entre pluſieurs autres Officiers & Miniſtres, avoit opiné pour la vente de Dunkerque. Leurs raiſons ne pouvoient pas être bonnes, j'oſe le dire, mais on en devine aiſément pluſieurs qui pouvoient être plauſibles alors. Un Prince comme Charles II, qui auroit fait pour de l'argent autant de mauvais marchés qu'aucun enfant prodigue, ſe trouvant ainſi appuyé, nous pouvons compter qu'il étoit abſolument déterminé à vendre; & quelle que fut l'opinion de votre Biſayeul, je puis bien prononcer d'après ma propre

propre expérience, que la part qu'il eut à la conclusion du Traité de vente n'est pas une preuve qu'il eût opiné pour la vente. Quand la résolution de vendre fut une fois prise, à qui pouvoit-on vendre ? Aux Hollandois ? Non ; ce parti auroit été au moins aussi imprudent, & dans ce moment peut-être plus odieux que l'autre. Aux Espagnols ? Ils n'étoient pas en état d'acheter ; & si bas que leur puissance fût tombée, la maxime dominante étoit encore de s'y opposer. J'ai quelquefois songé que les Espagnols qui furent forcés à faire la paix avec le Portugal & à renoncer à tous leurs droits sur cette Couronne, quatre ou cinq ans après, auroient pû être engagés à prendre cette résolution dès-lors, si on leur eût proposé pour condition le recouvrement de Dunkerque sans aucuns frais; & que les Portugais (qui malgré leur alliance avec l'Angleterre & les secours indirects que la France leur fournissoit, se trouvoient peu en état, sur-tout depuis le Traité des Pyrenées, de soutenir la guerre contre l'Espagne,) auroient pû être engagés à payer le prix de Dunkerque pour un aussi grand avantage que la paix actuelle avec l'Espagne & l'extinction de toutes prétentions étrangeres sur leur Couronne; mais cette spéculation sur des événemens passés il y a si long-tems ne fait pas grand-chose à notre sujet. Je reviens donc, & j'observe que malgré la vente de Dunkerque & les attachemens secrets de notre Cour à celle de France, cependant l'Angleterre fut la première à prendre l'allarme quand Louis XIV envahit les Pays-Bas Espagnols en 1667, & la triple alliance fut l'ouvrage d'un Ministre Anglois. Il étoit tems de prendre cette allarme; car du moment que le Roi de France alléguoit un droit au Comté de Bourgogne, au Duché de Brabant & à d'autres portions des Pays-Bas, comme dévolus à la Reine sa femme par la mort de son pere Philippe IV, il levoit le masque entiérement. Il y eut des volumes écrits pour établir & pour réfuter ce droit prétendu. Vous voudrez sans doute prendre connoissance d'une controverse qui a employé tant de plumes & tant d'épées; & je crois que vous jugerez qu'il étoit assez hardi aux François de conclure des coutumes qui régloient l'ordre des successions particulieres en certaines Provinces au droit de succéder à la souveraineté de ces Provinces, & de soutenir la divisibilité de la Monarchie Espagnole avec la même bouche qui étoit accoutumée à soutenir l'indivisibilité de la leur, quoique les preuves fussent précisément aussi bonnes dans un cas que dans l'autre, & que la Loi fondamentale de l'indivisibilité fut au moins aussi bonne en Espagne, que tant cette même Loi que la Loi Salique pouvoient l'être en France. Mais quoiqu'il pût convenir aux Ecrivains François & Autrichiens d'entrer dans de longues discussions & d'appeller en cette grande affaire au reste de l'Europe, l'Europe avoit une courte objection à faire au plaidoyer des François, qu'aucuns sophifmes, aucuns détours de chicane ne fauroient éluder. L'Efpagne avoit accepté les renonciations comme une fûreté réelle; la France les avoit données comme telles à l'Efpagne & en effet au refte de l'Europe : fi elles n'avoient pas été données ainfi & prifes de même, les Efpagnols n'auroient pas marié leur Infante au Roi de France, à quelque extrêmité qu'ils euffent pû être réduits par la prolongation de la guerre; ces renonciations étoient des renonciations à tous droits quelconques, à toute la Monarchie Efpagnole & à chacune de fes parties; les Provinces reclamées alors par la France en étoient des parties ; les reclamer, c'étoit donc reclamer le tout ; car fi les renonciations n'étoient pas capables d'annuller les droits provenans de la succession de Philippe IV; pere de Marie Thérèse, elles ne pouvoient pas annuller ceux qui lui reviendroient, à elle où à ses enfans, après la mort de son frere Charles II, jeune homme mal sain, & qui alors même étoit en un danger actuel de mort; car la petite vérole s'étoit jointe à toute cette complication de maux qu'il avoit apportés avec lui en venant au monde. Vous voyez, Monsieur, combien la fatale perspective de l'union des deux Monarchies de France & d'Espagne menaçoit de près le genre humain; & cependant je ne me rappelle pas que l'on ait rien fait pour la prévenir, qu'il y ait eu seulement une garantie donnée, ou une déclaration faite pour affermir la validité de ces rénonciations & pour en assurer l'effet.

Il est vrai que la triple Alliance arrêta le progrès des armes de la France & produisit le Traité d'Aix-la-Chapelle ; mais l'Angleterre, la Suede & la Hollande, Puissances contractantes en cette alliance, ne semblerent pas porter leurs vues, & en effet ne les porterent pas plus loin. La France garda une grande & importante partie de ce qu'elle avoit surpris, ravi ou acheté (car ce seroit parler trop improprement que de dire qu'elle eût conquis), & les Espagnols furent obligés de compter pour gagné tout ce qu'ils sauverent. La Branche Allemande d'Autriche avoit beaucoup perdu de sa puissance & de son crédit sous Ferdinand III, qui avoit été réduit fort bas par les Traités de Westphalie, comme je l'ai déja dit. Louis XIV conferva pendant plusieurs années l'ascendant que ces Traités lui avoient donné sur les Princes & Etats de l'Empire; la fameuse Capitulation faite à Francfort lors de l'Election de Leopold (qui succéda à Ferdinand vers l'an 1657) fut le fruit des intrigues des François; & la France fut regardée comme la seule Puissance qui pût ratifier & assurer efficacement l'observation des conditions que l'on y stipula. La Ligue du Rhin ne fut pas, je crois, renouvellée passé l'an 1666; mais sans renouvellement formel, cependant quelques-uns de ces Princes & Etats persisterent dans leurs anciens engagemens avec la France, tandis que d'autres en prenoient de nouveaux dans les occurrences particulieres, selon qu'ils y étoient disposés par leurs intérêts particuliers (quelquefois très - chetifs) & par les Emissaires de la France en toutes leurs petites Cours; enfin les Princes d'Allemagne ne parurent aucunement allarmés des progrès de l'ambition & de la puissance de Louis XIV, & contribuerent au contraire à encourager l'une & à affermir l'autre. Les choses étant en cette situation, la Branche Allemande se trouva peu en état d'assister la Branche Espagnole contre la France, soit dans la guerre qui fut terminée par le Traité des Pyrenées, ou dans celle dont nous parlons ici, cette courte guerre qui commença en 1567, & fut terminée par le Traité d'Aix-la-Chapelle en 1668. Mais ce ne fut pas cela seulement qui mit alors l'Empereur hors d'état d'agir avec vigueur dans la cause de sa Famille ; & si la Maison d'Autriche a toujours été depuis ce tems un pesant fardeau pour tous ses Alliés, il faut s'en prendre à la bigoterie & la cruauté son inséparable compagne; aussi-bien qu'à la tyrannie & l'avarice de la Cour de Vienne qui occasionna dans ce tems-là, & a toujours entretenu depuis des diversions presque continuelles des armes Impériales, lorsquelles auroient pu être opposées efficacement à la France. Je veux parler des troubles de Hongrie : quelque chose que l'on en ait pu dire dans la suite, ils furent causés originairement par les usurpations & les persécutions de l'Empereur ; & quand les Hongrois furent traités de rebelles pour la premiere fois, il n'y avoit d'autre raison pour les appeller ainsi, que parce qu'ils ne vouloient pas être esclaves. La domination de l'Empereur étant moins supportable que celle du Turc, ces peuples infortunés ouvrirent une porte à ce dernier pour infester l'Empire, au lieu de faire de leur pays, ce qu'il avoit été longtems, une barriere contre la puissance Ottomane. La France devint une Alliée sure, quoique secrete, des Turcs aussi-bien que des Hongrois, & elle y a trouvé son compte, en tenant l'Empereur en des allarmes perpetuelles de ce côté, pendant que de l'autre elle ravageoit l'Empire & les Pays-Bas; ainsi nous vimes il y a 32 ans, les Armées de France & de Baviere en possession de Passav, & les mécontens de Hongrie dans les Fauxbourgs de Vienne.

En un mot quand Louis XIV fit le premier essai de sa puissance par la guerre de 1667, & qu'il sonda, pour ainsi dire, les Conseils de l'Europe sur ses prétentions à la succession d'Espagne, il trouva que sa puissance étoit plus grande que n'avoient cru ses voisins & qu'il ne croyoit peut-être lui-même ; puissance fondée sur les richesses & principalement sur le concert unanime de son Peuple, & plus encore sur la mauvaise politique & la diversité d'intérêts particuliers par où se conduisoient ceux qui avoient un plus grand intérêt commun à s'opposer à lui. Il trouva que les parties contractantes de la Triple Alliance ne voyoient pas, ou que si elles voyoient, elles ne vouloient pas faire semblant de voir l'injustice & la conséquence de ses préprétentions ; elles se contenterent de donner à l'Espagne un Acte de garantie pour l'exécution du Traité d'Aix-la-Chapelle, & il prévit dès-lors combien la garantie seroit mal observée au moins par deux d'entr'elles l'Angleterre & la Suede. Le Traité en lui-même n'étoit autre chose qu'un accommodement extorqué : on lui ceda Tournay, Lisle & Douay, & quelques autres Places que j'ai oubliées, & il restitua le Comté de Bourgogne, suivant l'option que l'Espagne fit quand on la força d'opter, choix également contraire à l'intérêt & à l'attente des Hollandois. Le Roi d'Espagne composoit donc avec lui sur ses possessions, mais l'Empereur composoit au même tems sur sa succession par un Traité particulier de partage éventuel que signerent à Vienne le Commandeur de Greemonville & le Comte d'Aversberg. Ce même Leopold qui se recria si fort en 1698 contre tout partage de la Monarchie Espagnole & qui refusa de se soumettre à celui que l'Angleterre & la Hollande avoient fait alors, en avoit lui-même fait un en 1668, avec si peu d'égards pour ces deux Puissances, que l'on y avoit jetté toutes les dix Provinces dans le lot de la France.

Il n'y a pas lieu de s'étonner si une expérience telle que Louis XIV la fit en cette occasion & une telle face des affaires en Europe, élevant ses espérances, éleva son ambition, & si en faisant la paix à Aix-la-Chapelle il médita une nouvelle guerre (celle de 1672.) Les préparatifs qu'il fit pour cela par des négociations de toutes parts, par des Alliances partout où il trouva accès, & par l'augmentation de ses forces furent également des preuves d'habileté, d'industrie & de puissance. Je ne descendrai point dans tous ces détails, Monsieur, vous les trouverez assez bien dévelopés dans les Mémoires de ce tems-là ; mais je suis obligé de parler de l'une des Alliances qu'il fit, quoique j'en parle avec un regret & une indignation extrêmes. L'Angleterre fut fatalement engagée à jouer un rolle en cette conspiration contre le repos & la liberté de l'Europe, disons mieux, contre son propre repos & sa propre liberté, car ce fut un rolle

de dupe, réunissant la méchanceté avec l'imprudence (pardonnez-moi les termes dont je me sers, Monsieur, il ne sauroit y en avoir de trop forts) Les principes de la Triple Alliance, quoique justes & sages, & dignes d'un Roi d'Angleterre furent abandonnés. Elle avoit pour objet d'arrêter le progrès des armes de la France, de sauver les dix Provinces, & en les sauvant d'assurer la barriere de la Hollande; au lieu de cela nous joignimes nos conseils & nos armes à celles de France, pour un projet que l'on ne pouvoit suivre aucunement, comme il étoit aisé de prévoir, & comme l'évenement le montra, à moins que de le pousser contre l'Espagne, l'Empereur & la plupart des Princes d'Allemagne, aussi-bien que contre les Hollandois;
&

& qui ne pouvoit être pourſuivi avec ſuccès ſans laiſſer les dix Provinces entiérement à la merci de la France, & lui donner prétexte & facilité de ravager l'Empire & d'étendre ſes conquêtes ſur le Rhin. La Médaille de Van-Buninghe & les autres prétextes que la France prit pour attaquer les Etats des Pays-Bas, étoient ridicules, ils n'en impoſerent à perſonne, & le véritable objet de Louis XIV étoit manifeſte à tout le monde. Mais que pouvoit prétendre un Roi d'Angleterre ? Charles II avoit des raiſons de reſſentiment contre les Hollandois, & d'aſſez juſtes ſans doute : ſans parler du reſte, il ne lui étoit pas aiſé d'oublier l'affront qu'il avoit reçu & la perte qu'il avoit ſoufferte, lorſque comptant ſur la paix qui étoit prête à ſigner

& qui fut signée à Breda au mois de Juillet, il négligea d'équiper sa Flotte, & que celle de Hollande commandée par Ruyter (avec Corneille de Wit sur son bord, comme Député ou Commissaire des Etats) brula ses Vaisseaux à Chatham au mois de Juin. L'Edit perpetuel * contre l'élection d'un Stathouder, ce fameux Edit que Jean de Wit porta, & qu'il fit recevoir peu de jours après la conclusion de la paix à Breda, obligeant même le Prince d'Orange à jurer de le maintenir, pouvoit être un autre motif secret ** du Roi Charles II, comme c'étoit assurément un prétexte de vengeance contre les Hollandois, ou au moins contre les de Wit & la fac-

* Edit ainsi appellé, quoique par l'événement il ne se soit pas trouvé tel.
** *In petto.*

tion de Louvestein qui gouvernoit presque despotiquement dans cette République. Mais il est clair que ce ne furent ni ces raisons ni autres de plus ancienne datte, qui le déterminerent à cette Alliance avec la France, puisqu'il avoit contracté la Triple Alliance dans les quatre ou cinq mois qui suivirent immédiatement les deux événemens dont je viens de parler. Que se proposoit-il donc? Se proposoit-il d'acquerir une des Sept Provinces, ou de les partager, comme les Hollandois avoient traité deux fois pour partager les Dix avec la France? Je ne le crois pas; mais ce que je crois, c'est que ses inclinations étoient favorables au parti Catholique en général, & qu'il se proposoit de se rendre plus absolu dans son Royaume ;

que pour y parvenir il croyoit nécessaire d'humilier les Hollandois, d'abaisser leur puissance & peut-être de changer la forme de leur Gouvernement; de priver ses sujets de la correspondance avec un Etat voisin protestant & libre, & de toute espérance de secours & de support de ce côté-là pour lui résister ; en un mot de favoriser les projets de la France dans le Continent, afin que la France pût favoriser les siens dans son propre Royaume. C'est, dis-je, ce que je crois, ce que j'ose assurer, & qu'il me seroit aisé de démontrer, si j'avois entre les mains les relations particuliéres que j'ai lues autrefois, dressées par gens qui n'étoient pas ennemis de tels projets, & sur l'autorité de ceux qui y avoient eu part, & qu'il me fût permis de produire ces pieces & d'en citer les Auteurs. Mais quelque chose que le Roi Charles II se proposât, il est certain que sa conduite établit la supériorité de la France en Europe.

Néanmoins cette accusation ne doit pas tomber sur lui seul, puisque ceux que le danger menaçoit de plus près, ceux qui étoient exposés aux premieres attaques de la France, & ceux même qui étoient ses concurrens pour la même succession, ou l'assisterent, ou s'engagerent à rester neutres. Une étrange fatalité prévalut, & produisit une telle conjoncture qu'à peine peut-on trouver sa pareille dans l'Histoire. Vous observerez, Monsieur, avec étonnement, même au commencement de l'an 1672, tous les Voisins de la France agissans comme s'ils n'avoient rien eu à craindre d'elle, & quelques-uns, comme s'ils avoient eu beaucoup à espérer en l'aidant à opprimer les Hollandois, & partageant avec elle les dépouilles de cette République. *Delenda est Carthago* *, c'étoit le cri en Angleterre, & il sembloit que ce fût aussi une maxime dans le Continent.

Vous observerez que dans le cours de la même année, toutes ces Puissances prirent l'allarme, & commencerent à s'unir pour s'opposer à la France : l'Angleterre même crut qu'il étoit tems de s'entremettre en faveur des Hollandois. La conséquence de cette allarme, de cette révolution subite dans la Politique de l'Europe, & du

* Il faut détruire Carthage.

changement produit par le massacre des de Wit, & l'élévation du Prince d'Orange au Gouvernement des Sept Provinces, fut de sauver ces Provinces & d'arrêter le rapide progrès des armes de la France. En effet Louis XIV surprit les Sept Provinces en cette guerre, comme il avoit surpris les dix en celle de 1667, & ravagea des Pays sans défense avec des Armées suffisantes pour les conquérir, quand ils auroient été préparés pour lui résister. Dans la guerre de 1672, il n'avoit guères moins de cent cinquante mille hommes sur pied, outre les corps d'Anglois, de Suisses, d'Italiens & de Suedois, qui se montoient encore à trente ou quarante milles. Avec ces puissantes forces, il prit 40 Places en 40 jours, imposa des conditions de paix extravagantes, trancha du Souverain à Utrecht pendant quelque peu de tems, & aussitôt que les Hollandois ranimés par l'exemple du Prince d'Orange & par des espérances de divers secours, revinrent de leur consternation & refuserent ces conditions, il retourna à Versailles & laissa son entreprise à poursuivre à ses Généraux ; ce qu'ils firent avec si peu de succès, que de toutes ses conquêtes si vantées il ne lui resta que Grave & Maestricht, encore offrit-il de les rendre deux ans après, si par cette cession il eût pu obtenir alors des Hollandois de faire sa paix avec eux : mais ils avoient pour lors des Alliés & n'étoient pas encore disposés à les abandonner. L'Empereur & le Roi d'Espagne s'étoient engagés dans la querelle contre la France, & la plupart des Princes de l'Empire avoient suivi leur exemple ; je dis la plupart, car le Bavarois demeura obstiné dans sa neutralité, & sans parler du reste, les Suedois firent une grande diversion en faveur de la France dans l'Empire, où le Duc d'Hanovre favorisa leurs desseins autant qu'il put, car c'étoit un zélé Partisan de la France, quoique les autres Princes de sa Maison agissent pour la cause commune. Je n'entre point dans un plus grand détail. La guerre que Louis XIV alluma, en attaquant avec tant de violence la République de Hollande, & en faisant un usage si arbitraire de ses premiers succès, devint générale dans les Pays-Bas, en Espagne, en Sicile, sur le haut & bas Rhin, en Dannemark, en Suede & dans les Provinces d'Allemagne appartenantes à ces deux Couronnes, sur la Méditerranée, sur l'Océan & sur la Mer Baltique. La France soutint cette guere avec avantage de tous les côtés; & vous n'en serez pas surpris, Monsieur, quand vous considérerez de quelle maniere elle fut poussée contre elle. L'Espagne avoit du cœur, mais trop peu de forces pour maintenir son autorité dans la Sicile où Messine s'étoit révoltée, défendre sa Frontiere du côté des Pyrenées, & résister aux grands efforts des François dans les Pays-Bas. L'Empire étoit divisé; & même entre les Princes qui agissoient contre la France, il n'y avoit ni union dans les conseils, ni concert dans les projets, ni ordre dans les dispositions, ni vigueur dans l'éxécution; & pour dire la vérité, il n'y avoit pas dans toute la confédération un homme qui pour la capacité pût être mis en parallele avec le Prince de Condé ou le Maréchal de Turenne; & il y en avoit peu qui fussent aucunement comparables à Luxembourg, Créqui, Schomberg & autres Généraux moins célébres qui commandoient les Armées de France. L'Empereur prit ce tems-là même pour porter de nouvelles atteintes aux libertés de la Hongrie, & pour opprimer ses sujets Protestans. Il n'y eut que le Prince d'Orange qui se comporta avec une fermeté invincible, comme un Patriote & un Héros. Ni les séductions de la France, ni celles de l'Angleterre, ni les tentations d'ambition, ni celles d'intérêt personnel ne purent le faire écarter du véritable intérêt de sa Patrie, ni de l'intérêt commun de l'Europe. Il avoit, disoit-on, levé plus de siéges & perdu plus de batailles qu'aucun autre Général à son âge. Soit mais ses défaites furent manifestement dûes en grande partie à des circonstances qui ne dépendoient pas de lui; & ce courage que ces défaites même ne purent abattre étoit tout à lui. Il rencontra des difficultés dans sa propre République: les Gouverneurs des Pays - Bas Espagnols traverserent quelquefois ses mesures, les Alliés Allemans les dérangerent & les rompirent souvent, & il est assez probable qu'il fut souvent trahi; il le fut peut-être même par Souches, Général de l'Empereur *. Il n'avoit

* François suivant Bayle, & Pensionnaire de Louvois suivant le bruit commun, fondé sur de très-fortes apparences.

pas encore un crédit & une autorité suffisante pour se faire le centre d'union de toute la Confédération, & l'ame qui animât & dirigeât un si grand corps; il parvint à l'être par la suite, mais au tems dont nous parlons il ne pouvoit pas prendre sur lui un si grand rolle. Il n'y avoit nul autre Prince ni Général qui en fût capable, & les conséquences de ce défaut parurent presque à chaque opération. La France étoit environnée d'une multitude d'Ennemis tous attachés à ruiner sa puissance; mais de même que les Architectes de Babel, ils parloient diverses Langues, & comme ceux-là ne purent bâtir, ceux-ci n'ont pû démolir, faute de s'entendre l'un l'autre. La France en tira avantage par ses Armes, & plus encore par ses Négociations. Nimégue en fut la scène après Cologne ; l'Angleterre fut la Puissance médiatrice, & je ne sais si Charles II ne servit pas plus utilement aux vues de la France à Nimégue avec le caractére de Médiateur, qu'il n'auroit fait ou pû faire en joignant ses Armes aux siennes & agissant comme son Allié. Les Hollandois furent engagés à signer avec lui un Traité qui rompit la Confédération & donna à la France un grand avantage ; car on convenoit par ce Traité d'obliger la France & l'Espagne à faire la paix sur un plan qui leur seroit proposé, & on n'y faisoit aucune mention des autres Alliés, autant que je puis me souvenir. Les Hollandois étoient bien aises de se débarasser d'une guerre onéreuse ; la France promit de leur restituer

Maeſtricht, & c'étoit la ſeule place qu'ils n'euſſent pas recouvrée de tout ce qu'ils avoient perdu. Ils abandonnerent l'Eſpagne à Nimégue, comme ils avoient abandonné la France à Munſter; mais pluſieurs circonſtances concoururent pour donner beaucoup plus mauvaiſe grace à cette derniere déſertion qu'à la premiere. Je n'ai pas beſoin de les ſpécifier; en voici ſeulement une que je ſuis bien aiſe de faire obſerver. Quand ils firent une paix ſéparée à Munſter, ils ſe détacherent d'un Allié qui étoit en ſituation de continuer la guerre tout ſeul avec avantage, & ne prétendirent lui impoſer aucunes conditions: quand ils firent une paix ſéparée à Nimégue, ils abandonnerent un Allié qui n'étoit pas en ſituation de continuer la guerre tout seul, & qui étoit réduit à accepter telles conditions que l'Ennemi commun lui prescriroit. Dans leur pressante nécessité en 1673, ils s'étoient engagés à restituer Maestricht aux Espagnols aussi-tôt qu'il seroit repris ; il ne fut point repris, & ils l'accepterent pour eux-mêmes comme un prix de la paix séparée qu'ils firent avec la France. Ils s'étoient engagés de plus, à ne faire ni paix ni tréve avec le Roi de France, que ce Prince ne consentît à restituer à l'Espagne tout ce qu'il avoit conquis depuis le Traité des Pyrenées ; mais loin de tenir cette parole, ils garderent si peu de mesures, que par le plan tracé aux Espagnols à Nimégue, Louis XIV acquit outre le Comté de Bourgogne, tant d'autres Pays & Villes du côté

des

des dix Provinces Efpagnoles, que cela joint aux Places qu'il retint de celles qui lui avoient été cédées par le Traité d'Aix-la Chapelle (car il en reſtitua quelques-unes de peu de conſéquence) mit entre ſes mains la principale force de cette Barriere contre laquelle nous nous ſommes piqués & excédés dans la derniere grande guerre, vérifiant ainſi le bon mot du Maréchal de Schomberg, qu'attaquer cette barriere c'étoit prendre la bête par ſes cornes. Je ſais fort bien ce qu'on peut dire pour excuſer les Hollandois: l'Empereur étoit plus attaché à tyranniſer ſes Sujets d'un côté, qu'à les défendre de l'autre ; il entreprit peu de choſes contre la France, & le peu qu'il entreprit fut mal ordonné & plus mal exécuté; l'aſſiſtance des

Princes d'Allemagne étoit souvent incertaine & toujours coûteuse ; l'Espagne étoit déja endettée envers la Hollande pour de grandes sommes, il falloit lui en avancer encore de plus grandes si la guerre continuoit ; & l'expérience montroit que la France étoit à portée d'avoir le dessus & l'auroit toujours sur tous ses Ennemis actuels. La triple Alliance avoit arrêté ses progrès, & l'avoit obligée d'abandonner le Comté de Bourgogne ; mais la Suéde étoit actuellement engagée dans la guerre du côté de la France, comme l'Angleterre l'avoit été d'abord, & l'Angleterre favorisoit encore secretement ses intérêts, comme la Suéde l'avoit fait au commencement. Les dix Provinces entieres auroient été soumises en quelques campagnes de plus; & il valoit mieux pour l'Espagne, aussi-bien que pour la Hollande, que l'on en sauvât une partie en acceptant une sorte de composition, que de risquer le tout en la refusant. Voilà ce qu'on pouvoit alléguer pour excuser les Etats-Généraux d'avoir imposé des conditions dures à l'Espagne, de n'en avoir stipulé aucunes pour leurs autres Alliés, & d'avoir signé seuls ; par où ils avoient donné à la France une occasion dont elle profita avec beaucoup de dextérité & de prudence, j'entens la facilité de traiter avec les Confédérés un à un, & de les battre en détail dans le Cabinet, comme elle avoit souvent fait en Campagne. Je ne comparerai point ces raisons, qui n'étoient que trop bien fondées & qui doivent paroître au moins plausibles, avec d'autres considérations sur lesquelles on pouvoit insister alors, & sur lesquelles on insista effectivement. Je me borne à quelque peu d'observations que tout homme sensé & impartial ne sauroit manquer d'admettre. Vous observerez premierement, Monsieur, que le fatal principe de composer avec Louis XIV, depuis que ses prétentions, sa puissance & l'usage qu'il en fit, eurent commencé à menacer l'Europe, prévalut encore plus à Nimégue qu'il n'avoit fait à Aix; tellement que quoiqu'il n'obtint pas en plein tout ce qu'il prétendoit, cependant on vit durant le cours des dix-huit premieres années de cette période, les Domaines de la France de plus en plus étendus à chaque Traité par un consentement unanime, ses barrieres fortifiées de tous côtés, celles de ses voisins affoiblies d'année en année, & cette Puissance qui devoit faire valoir un jour contre le reste de l'Europe les prétendus droits de la Maison de Bourbon à la Monarchie Espagnole, établie plus solidement & rendue véritablement formidable, au moins en de telles mains. Il vous plaira, Monsieur, d'observer en second lieu, que l'extrême foiblesse d'une des Branches de la Maison d'Autriche, & la pitoyable conduite de toutes les deux, la pauvreté de quelques-uns des Princes de l'Empire, & leur désunion, ou (pour parler net) leur politique mercenaire à tous, enfin les vues étroites, les fausses idées, & (pour parler aussi net de ma propre Nation que des autres) l'iniquité du

Conseil d'Angleterre, non seulement empêcha d'arrêter à tems les progrès de cette Puissance, mais lui aida à s'élever jusqu'à ce qu'elle eût acquis une force presque insurmontable par aucune confédération future. Une troisiéme observation, c'est que si les raisons que l'on a apportées pour excuser la conduite des Hollandois à Nimégue ne sont pas suffisantes, il faut qu'ils portent leur part de cette condamnation, même depuis la mort des de Wit; comme ceux-ci ont dû être condamnés avec beaucoup de justice, pour avoir soutenu & favorisé la France durant leur ministere. Et si l'on admet ces excuses, fondées sur l'impuissance de soutenir plus long-tems une guerre, dont le principal fardeau étoit rejetté sur eux par leurs Confédérés qui devoient en retirer le principal profit (car tel étoit le cas paſſé l'année 1673 ou 1674); ſi ces excuſes des Hollandois ſont valables, ils auroient dû autant par raiſon de bienſéance qu'en bonne politique, en uſer autrement qu'ils n'ont fait en 1711 & 1712 à l'égard de la feue Reine, qui avoit bien plus de ſujet de faire d'eux, de l'Empereur & de tous les Princes d'Allemagne, des plaintes de la même nature & avec des circonſtances bien plus aggravantes, & qu'il s'en faut beaucoup qui ne les ait traités alors eux & les autres Alliés, comme ils avoient traité l'Eſpagne & leurs autres Alliés en 1678. Immédiatement après que les Hollandois eurent fait leur paix, celle de l'Eſpagne fut ſignée avec la France; le Traité de l'Empereur avec cette Couronne & celle de Suede fut conclu l'année suivante; & Louis XIV. étant alors en liberté d'assister son Allié, tandis qu'il avoit lié les Puissances avec qui il avoit traité à ne point assister les leurs, il força bien-tôt le Roi de Danemarck & l'Electeur de Brandebourg à restituer tout ce qu'ils avoient pris aux Suédois, & à conclure la paix du Nord. Dans tous ces Traités il donna la loi,& se vit alors au plus haut point de sa grandeur. Il se maintint à ce point pendant plusieurs années; & dans ce comble de sa puissance il donna occasion de préparer contre lui ces alliances, sous le poids desquelles il a été fort près de succomber, & qui auroient pû le réduire aussi bas que l'intérêt général de l'Europe le demandoit, si quelques-unes des causes qui avoient favorisé son élévation n'avoient continué d'opérer en sa faveur, & si un revers de fortune n'avoit rendu ses ennemis aussi insatiables que lui-même l'avoit été dans sa prospérité.

Après avoir fait la paix avec toutes les Puissances avec qui il avoit été en guerre, il continua à exercer ses véxations tant sur l'Espagne que sur l'Empire, & à étendre ses conquêtes dans les Pays-Bas & sur le Rhin, tant par la plume que par l'épée. Il érigea les Chambres de Metz & de Brisach, où ses propres Sujets étoient Parties, Témoins & Juges tout à la fois : sur les décisions de ces Tribunaux, il saisit en ses propres mains à titre de dépendances & sous prétexte de réunions, toutes les Villes ou Districts de Pays qui tentoient fon ambition ou qui fe trouvoient à fa bienféance; & par ces moyens & autres, au milieu de la paix, il ajouta plus de territoires à ceux qui lui avoient été cédés par les derniers Traités, qu'il n'en auroit pû gagner par la continuation de la guerre. Il agit enfuite pour foutenir tout cela fans aucun frein ni aucune retenue; fa gloire fut une raifon pour attaquer la Hollande en 1672, & fa convenance une raifon pour plufieurs des invafions qu'il fit enfuite fur d'autres. Il emporta Luxembourg par la force, il efcamota Strafbourg, il acheta Cafal; & pendant qu'il attendoit l'occafion d'acquérir à fa famille la Couronne d'Efpagne, il n'étoit pas fans idées ni fans efpérance peut-être d'y faire tomber aussi la Couronne Impériale. Quelques-unes des cruautés qu'il exerça dans l'Empire, peuvent être attribuées au dépit qu'il eut d'avoir manqué ce coup : je dis quelques-unes, car dans la guerre qui finit au Traité de Nimégue, il en avoit déja exercé plusieurs. Quoique les Ecrivains François tâchent de glisser dessus, de les pallier, & de les imputer particuliérement aux Anglois qui étoient à leur solde (car un de leurs Ecrivains a eu le front d'avancer cela même); cependant on ne sauroit disconvenir que ces cruautés inouies entre Nations civilisées, n'ayent été ordonnées par le Conseil de France & exécutées par ses Troupes dans le Palatinat & ailleurs.

Si Louis XIV avoit pu se contenter des acquisitions qui lui furent assurées par les Traités de 1678 & 1679, & de l'autorité & de la réputation dont il jouissoit alors, il est évident qu'il auroit prévenu les alliances qui furent formées contre lui par la suite, & qu'il auroit pu regagner peu à peu son crédit parmi les Princes de l'Empire, où il avoit une alliance de famille par le Mariage de son frere avec la fille de l'Electeur Palatin, & une autre par celui de son fils avec la sœur de l'Electeur de Baviere, où la Suede lui étoit étroitement attachée, & où les mêmes principes d'intérêt particulier lui en auroient bientôt attaché d'autres aussi étroitement. Il auroit pu demeurer, non seulement la principale Puissance, mais même le premier mobile de l'Europe, & auroit tenu ce rang avec toute la gloire imaginable, jusqu'à ce que la mort du Roi d'Espagne ou quelque autre objet de grande ambition l'eût déterminé à jouer un autre rolle. Mais au lieu de cela il continua à vexer & à tracasser tous ceux qui avoient le malheur d'être ses voisins, & cela la plupart du tems pour des minucies. Je me rappelle un exemple de cette espece. A la mort du Duc de Deux-Ponts, il saisit ce petit Duché de nulle importance sans aucun égard au droit incontestable des Rois de Suede, aux services que cette Couronne lui avoit rendus, & au besoin qu'il pourroit encore avoir de son alliance. La conséquence de cela fut que la Suede entra avec l'Empereur, le Roi d'Espagne, l'Electeur de Baviere & les Etats-Généraux, dans l'Alliance de garantie (c'est ainsi qu'elle fut appellée) vers l'an 1683, & dans la fameuse ligue d'Ausbourg en 1686.

Puisque j'ai fait mention de cette ligue, & que c'est de là que nous pouvons datter une opposition à la France, plus générale & mieux concertée qu'elle ne l'avoit été auparavant, permettez - moi de rappeller quelques-unes des réflexions qui se sont présentées d'elles-mêmes à mon esprit, en considérant ce que j'ai lu & ce que j'ai entendu raconter sur ce qui se passa dans ce tems : elles serviront à former notre jugement sur ce qui s'est passé depuis. Si le Roi de France devint un objet d'aversion à cause de quelques invasions qu'il fit, de quelques infractions de la foi publique, de quelques barbaries qu'il exerça là où ses armes furent les plus fortes, ou de la persécution de ses sujets Protestans ; l'Empereur méritoit bien de l'être au moins autant que lui, par les mêmes raisons. Aussi l'Empereur l'étoit-il, mais avec une différence relative au systême politique de l'Occident. L'ambition & l'intolérance Autrichienne s'exercerent dans des pays reculés, dont les intérêts n'étoient pas considérés comme faisant partie de ce systême ; car autrement il y auroit eu autant de raison pour assister les peuples de Hongrie & de Transilvanie contre l'Empereur, qu'il y en avoit eu autrefois pour assister les Peuples des sept Provinces-Unies contre l'Espagne, ou qu'il y en avoit eu en dernier lieu pour les assister contre la France : mais

l'intolérance & l'ambition de Louis XIV s'exercerent l'une au sein de la France, & l'autre dans les Pays-Bas, sur le Rhin, en Italie, & en Espagne, au centre même de ce systême (si l'on peut parler ainsi) & avec un succès qui ne pouvoit manquer de le renverser quelque jour. La puissance de la Maison d'Autriche, qui avoit été trop long-tems redoutée, ne l'étoit plus ; & la puissance de la Maison de Bourbon, pour avoir été redoutée trop tard, étoit devenue terrible alors. L'Empereur étoit si attaché à l'établissement de son pouvoir arbitraire en Hongrie, que pour cet effet il exposa doublement l'Empire à être désolé & ruiné. Il laissa sa frontiere presque absolument sans défense du côté du Rhin contre les irruptions
&

& les ravages de la France ; & en ne laissant aucune miséricorde à esperer aux Hongrois, & ne leur tenant aucune parole, il força ce peuple malheureux, à rechercher l'alliance des Turcs, qui envahirent l'Empire, & assiégerent Vienne. Cet événement même ne fit aucun effet sur lui : vous trouverez, Monsieur, que Sobiesky Roi de Pologne, qui avoit forcé les Turcs à lever le siége, & affermi la Couronne Impériale qui chanceloit sur la tête de Leopold, ne put gagner sur lui de prendre les seules mesures par lesquelles il fût possible de couvrir l'Empire, de garantir le Roi d'Espagne, & d'abaisser la Puissance qui devoit probablement lui disputer un jour la succession de ce Prince. Tekeli & les Mécontens de Hongrie firent des démandes telles qu'il n'y avoit qu'un Tyran qui pût les refuser, la conservation de leurs anciens priviléges, la liberté de conscience, la convocation d'une Diete ou Parlement libre, & autres de moindre conséquence. Tout cela fut rejetté. La guerre continua avec eux & avec les Turcs, & la France eut toute liberté de poursuivre ses entreprises presque sans opposition contre l'Allemagne & les Pays Bas. On étoit réduit à une telle extrémité de ces deux côtés, que les Etats-Généraux ne virent point d'autre expédient pour arrêter le progrès des armes des François, qu'une cessation d'hostilités ou une Trève de vingt ans, qu'ils négocierent & qui fut acceptée par l'Empereur & par le Roi d'Espagne aux termes que Louis XIV.

jugea à propos d'offrir. Par ces termes, il devoit rester en pleine & paisible possession de tout ce qu'il avoit acquis depuis les années 1678 & 1679 ; entre lesquelles acquisitions étoient comprises celle de Luxembourg & celle de Strasbourg. Les conditions de cette Trève étoient si avantageuses à la France, qu'elle employa toutes ses intrigues pour obtenir un Traité de Paix définitif aux mêmes conditions. Mais ce n'étoit ni l'intérêt ni l'intention des autres Puissances contractantes. Les armes Impériales avoient eu un très-grand succès contre les Turcs ; ce succès, aussi-bien que les troubles qui survinrent à cette occasion dans les Armées Ottomanes & à la Porte, donnerent une espérance raisonnable de conclure la Paix de ce côté-là; & cette Paix conclue, l'Empereur, l'Empire & le Roi d'Espagne se seroient trouvés dans une beaucoup meilleure posture pour traiter avec la France. C'est dans ces vues qui étoient sages & justes, que la Ligue d'Ausbourg fut faite entre l'Empereur, les Rois d'Espagne & de Suede comme Princes de l'Empire, & les autres Princes & Cercles. Cette Ligue étoit purement défensive, un article exprès le déclaroit formellement; & comme elle n'avoit point d'autre but, elle étoit conforme non seulement aux Loix & Constitutions de l'Empire, & à la pratique de toutes les Nations, mais même aux termes de l'Acte de la Trève si récemment conclue. Par conséquent ce prétexte pour rompre la Trève, se saisir de l'Electorat de Cologne, envahir le Palatinat, assiéger Philisbourg, & porter dans l'Empire une guerre imprévue & non déclarée, ne sauroit se soutenir; & il n'est pas possible de lire sans rire les raisons publiées par la France en cette occasion, & tirées de ses appréhensions de la Puissance Impériale. Il y avoit aussi peu de prétexte à se plaindre que l'Empereur refusât de convertir une bonne fois la Trève en un Traité définitif; puisque s'il l'eût fait, ç'auroit été confirmer en bloc & sans aucune discussion tous les Décrets arbitraires de ces Chambres, ou Cours que la France avoit érigées pour couvrir ses usurpations; & que ç'auroit été abandonner près de la sixiéme partie des Provinces de l'Empire, dont la France s'étoit mise en possession elle-même, d'une maniere ou d'autre. Les prétentions de la Duchesse d'Orleans sur la succession de son Pere & de son Frere, qui étoient contestées par l'Electeur Palatin lors regnant, & qui devoient être déterminées par les Loix & Coutumes de l'Empire, fournissoient aussi peu de prétexte pour commencer cette guerre, qu'aucune des allégations précédentes. L'exclusion du Cardinal de Furstemberg, qui avoit été élu à l'Archevêché de Cologne, pouvoit être représentée comme quelque chose de plus grave; mais dans ce cas là même, sa Majesté très-chrétienne opposoit son jugement & son autorité, au jugement & à l'autorité de ce Saint Pere, dont il tiroit vanité d'être appellé le Fils aîné. Enfin la vraie raison pour laquelle Louis XIV commença cette cruelle guerre avec l'Empire, deux ans après avoir conclu une cessation d'hostilités pour vingt ans, la voici : c'est qu'il étoit décidé à garder ce qu'il avoit gagné, & pour cet effet il avoit resolu d'encourager les Turcs à continuer la guerre. C'est ce qu'il fit effectivement, en attaquant l'Allemagne, dans le tems même que le Sultan demandoit la paix avec instance. Nonobstant cela, les Turcs traiterent de nouveau l'année suivante, & la bonne politique auroit obligé l'Empereur, (puisqu'il ne pouvoit espérer de soutenir cette guerre & celle contre la France en même tems, avec vigueur & avec succès) de conclure la paix avec le moins dangereux de ces deux

Ennemis. La décision de ses disputes avec la France ne pouvoit souffrir de délai ; ses desseins contre les Hongrois étoient en partie accomplis (car son fils étoit déclaré Roi, & l'établissement de cette Couronne en sa Familmille étoit terminé) & le reste pouvoit être différé, aussi-bien que ceux qu'il formoit contre les Turcs. Mais le Conseil de Vienne en jugea autrement, & insista même dans ce moment critique, sur des termes très exorbitans ; quelques-uns même d'une telle nature, que les Turcs montrerent plus d'humanité & de meilleurs sentimens de religion, en les refusant, qu'eux en les proposant. Ainsi la guerre s'échauffa en Hongrie, & fut une diversion constante en faveur de la France, durant tout le cours de celle que

Louis XIV commençoit alors (car le Traité de Carlowitz fut postérieur à celui de Ryswick). L'Empire, l'Espagne, l'Angleterre & la Hollande, s'engagerent dans la guerre contre la France, & l'Empereur en laissa tout le fardeau sur eux. Dans la courte guerre de 1667, il n'étoit pas seulement partie, & au lieu d'assister le Roi d'Espagne (ce qu'il faut avouer qu'il n'étoit pas trop en situation de faire), il marchandoit pour partager la succession de ce Prince, comme je l'ai observé ci-dessus. Dans la guerre de 1672, il fit quelques foibles efforts. En celle-ci de 1688, il fit encore moins ; & dans celle qui s'alluma au commencement du siécle présent il ne fit rien ; au moins passé la premiere Campagne en Italie, & les engagemens que l'Angleterre & la Hollande prirent par la grande Alliance. En un mot depuis le tems que l'opposition à la France est devenue la cause commune de l'Europe, la Maison d'Autriche y a été un obstacle en beaucoup d'occasions, mais elle n'y a été d'une ressource considérable en aucune. On croiroit aisément que l'accession de l'Angleterre à cette cause, qui fut assurée par la révolution de 1688, auroit pû compenser, & plus que compenser ce défaut, & mettre la supériorité de puissance & de succès du côté des Confédérés avec qui elle prit parti contre la France. Je dis qu'on pourroit l'imaginer, sans trop relever la puissance de l'Angleterre ou ravaler celle de la France, aussi l'imagina-t-on dans ce tems-là. De savoir comment cela tourna si différemment, par l'événement ; comment la France sortit triomphante de la guerre qui fut terminée par le Traité de Riswick, & quoiqu'en restituant beaucoup, conserva cependant la plus grande & la meilleure partie de ses conquêtes & des acquisitions qu'elle avoit faites depuis les Traités de Westphalie & des Pyrenées ; comment elle acquit par donation de l'Espagne, cette Monarchie entiere pour un de ses Princes, quoiqu'elle n'eût pas sujet d'en espérer la moindre partie sans guerre, ni le plus gros lot même par la guerre ; enfin comment elle consomma avantageusement l'ambitieux système qu'elle avoit été cinquante ans à tramer ; comment après avoir été battue de tous côtés & entiérement épuisée, elle conclut cette guerre-là même avec peu de diminution des Provinces & des Barrieres qu'elle avoit acquifes, & avec la paifible poffeffion de l'Efpagne & des Indes à un Prince de la Maifon de Bourbon : tout cela, Monfieur, fera le fujet de vos recherches, quand vous en viendrez à la derniere partie de la derniere période de l'Hiftoire moderne.

HUITIÈME LETTRE,

Continuation du même sujet, depuis 1688 jusqu'en 1713.

L'ALLIANCE de 1689 entre l'Empereur & les Etats Généraux, à laquelle l'Angleterre accéda, fut le fondement de toute la Confédération formée contre la France. Vous trouverez, Monsieur, que l'on ne se proposoit rien moins par cette Alliance, que de ramener toutes choses aux termes des Traités de Westphalie & des Pyrénées par la voie des Armes, & de les maintenir sur ce pied après la guerre par une Alliance défensive & une garantie réciproque des mêmes Puissances confédérées. L'objet étant particulier que général de cet engagement étoit assez clair; & s'il y avoit eu quelque chose d'obscur, le sens en auroit été suffisamment déterminé par un article séparé, dans lequel *l'Angleterre & la Hollande s'obligeoient d'aider la Maison d'Autriche, le cas arrivant de la mort de Charles II sans héritiers légitimes, à se mettre en possession de la Monarchie Espagnole & à s'y maintenir.* Cet engagement étoit double, & par-là relatif à tout le système politique de l'Europe, également affecté par la puissance de la France & par ses prétentions.

Jusques-là on n'avoit considéré que la Puissance actuelle de la France, & il sembloit que l'on eût oublié ses prétentions. Et à quel propos s'en seroit-on souvenu, pendant que l'Europe étoit si mal constituée, que les Etats aux dépens de qui la France accroissoit sa puissance croyoient assez faire en chaque occasion, si avec l'aide de leurs amis & de leurs Alliés, ils parvenoient à faire quelque composition tolérable avec elle ? Ceux qui n'étoient pas en situation de se refuser à confirmer ses usurpations présentes, étoient-ils plus en état de prendre des mesures efficaces contre ses usurpations futures ? Mais dans ces derniers tems, comme on étoit plus allarmé que jamais par les outrages multipliés de la France, & ses intrigues de toutes parts, par le peu d'égards quelle avoit montré pour la Foi publique des Traités, & par les airs d'autorité qu'elle avoit pris pendant plus de vingt années de suite ; aussi l'animosité contre elle étoit montée à son comble, & les moyens d'abaisser sa puissance, ou au moins de la réprimer, s'étoient accrus à proportion. Les Princes & les Etats qui avoient vû tranquillement ou même favorisé l'accroissement de sa puissance (ce que tous avoient fait chacun à leur tour), reconnurent leur erreur, sentirent la nécessité de la réparer, & comprirent que s'ils ne s'efforçoient de réprimer son audace en formant par leur union une puissance supérieure à la sienne, il seroit impossible de l'empêcher de réussir dans ses grands desseins sur la succession Espagnole.

La Cour d'Angleterre s'étoit prêtée, il n'y avoit pas bien des années, à favoriser ses usurpations, & le Roi d'Angleterre s'étoit abaissé à être son Pensionnaire

Penfionnaire; mais ce n'étoit pas un crime national, au contraire tout le Peuple avoit hautement crié contre, dans le tems même qu'on l'avoit commis; & auffi-tôt après la retraite du Roi Jacques & l'élévation du Prince d'Orange au Trône d'Angleterre, la Nation s'engagea avec tout le zéle imaginable dans la caufe commune de l'Europe, pour réduire la puiffance exorbitante de la France, pour prévenir fes entreprifes à l'avenir, & pour punir fes attentats paffés; car l'efprit même de vengeance prévalut alors, & la guerre fut une guerre de dépit autant que d'intérêt.

Malheureufement ce zéle ne fut ni bien conduit ni bien fecondé. Ce fut un zéle infructueux dans la premiere des deux guerres qui fuivirent la révolution, & dans toutes les deux un zéle aveugle. Je n'entre dans aucun détail sur les événemens de ces deux guerres : ce que j'obferve feulement à l'égard de la premiere, c'eft qu'il s'en fallut beaucoup que le Traité de Rifwick ne répondît au but que l'on s'étoit propofé, & aux engagemens que l'on avoit pris par la premiere grande Alliance. La puiffance de la France, foit par rapport à l'étendue de fes Domaines, ou à la force de fa Barriere, ne fut point réduite aux termes du Traité des Pyrenées, ni même à ceux du Traité de Nimégue, il eft vrai qu'elle reftitua la Lorraine (avec des réferves très-confidérables) & les Places qu'elle avoit prifes ou ufurpées de l'autre côté du Rhin ; mais Strafbourg lui fut cédé abfolument par l'Empereur & par l'Empire. Les cessions qu'elle fit à l'Espagne furent considérables, mais les conquêtes & les usurpations qu'elle avoit faites sur elle depuis le Traité de Nimégue ne l'étoient pas moins, & l'Espagne gagna peu à Risvvick, il me semble même qu'elle n'obtint rien de plus que ce qu'elle avoit sauvé précédemment à Nimégue. Néanmoins vû les pertes & les défaites réitérées des Alliés & le mauvais état de la Confédération, toutes ces cessions & la reconnoissance du Roi Guillaume faite par Louis XIV après avoir pris Ath & Barcelone durant le cours même des Négociations, surprirent généralement tout le monde qui n'étoit pas accoutumé à tant de modération & de générosité de la part de ce Monarque.

Mais les prétentions de la Maison de Bourbon à la succession Espagnole demeuroient en leur entier ; on n'avoit rien fait pour les affoiblir, on n'avoit rien préparé pour y opposer, & l'ouverture de cette succession étoit visiblement très prochaine ; car la vie de Charles II avoit été vers le même tems dans un danger éminent ; sa mort ne pouvoit pas être un événement éloigné, & tout ce que la bonne Reine avoit pû faire pour avoir le bonheur d'être mere avoit été sans succès. La Ligue rompue, toutes les forces des Confédérés dispersées, & plusieurs licentiées ; la France restant armée, ses forces par mer & par terre augmentées & toutes prêtes à entrer en action de toutes parts, il étoit clair que les Confédérés avoient manqué au premier objet de la grande Alliance, qui étoit d'abaisser la puissance de la France, & ce n'étoit qu'en réussissant en celui-ci qu'ils pouvoient être en état de remplir leur second engagement, qui étoit d'assurer la succession d'Espagne à la Maison d'Autriche.

La paix ainsi conclue, que restoit-il à faire ? Dans toute la nature des choses je n'en vois que trois : la premiere d'abandonner tout le soin de la succession d'Espagne, la seconde de se préparer durant cet intervalle de paix à faire la guerre avec avantage lorsque Charles II mourroit, & la troisiéme de composer avec la France sur cette succession. Or la premiere de ces trois choses n'eût-ce pas été abandonner en quelque sorte à la merci de la France, l'Espagne & toute l'Europe avec elle; puisque quelque disposition que les Espagnols pussent faire de leur Couronne, ils étoient absolument incapables de la soutenir contre la France; que l'Empereur ne pouvoit pas faire grand-chose sans ses Alliés; & que le Bavarois qui étoit le troisiéme Prétendant pouvoit encore moins faire, & auroit peut-être mieux trouvé son compte en pareil cas, à traiter avec la Maison de Bourbon qu'avec celle d'Autriche. Il n'est pas besoin de m'étendre d'avantage sur ce point; mais avant que d'entrer dans la discussion des deux autres, il est à propos de rappeller plusieurs faits, & nécessaire de faire plusieurs réflexions.

Nous aurions pu sans doute contreminer suivant sa propre méthode, la politique du Conseil de France, qui avoit signé la paix afin de diſſoudre la confédération, & fait de grandes ceſſions avec une générofité très-fuſpecte, afin de gagner les Eſpagnols: nous aurions pu attendre comme elle (c'eſt-à-dire en armes), la mort de Charles II & fortifier dans cet entretems les diſpoſitions du Roi, de la Cour & du Peuple d'Eſpagne, contre les prétentions de la France. Nous aurions pû accélerer la concluſion de la paix qui fut faite quelque tems après, entre l'Empereur & les Turcs, & obliger le premier, à quelque prix que ce fût, à aſſurer la tranquillité de la Hongrie, & nous préparer par ces moyens & autres ſemblables pour la guerre qui ne pouvoit manquer de s'allumer à la mort du Roi d'Eſpagne.

Mais toutes ces mesures furent rendues impraticables par la faute de l'Empereur principalement. L'expérience avoit montré que les Puissances qui s'étoient engagées dans la confédération avec lui, devoient s'attendre que tout le fardeau de sa cause retomberoit sur elles, & que la Hongrie entretiendroit une diversion perpétuelle en faveur de la France, puisqu'il ne pouvoit se résoudre à adoucir le joug tyrannique qu'il avoit imposé en ce Royaume & en Transilvanie, ni ses Ministres à relâcher les confiscations immenses qu'ils s'étoient appropriées. C'est ce que montroit l'expérience du passé, & que la suite des événemens a confirmé d'une maniere très-fatale ; mais ce n'est pas le tout. Non seulement il y avoit peu d'asfiftance à attendre de l'Empereur pour ceux qui s'engageroient dans fa querelle; mais il leur apporta encore des obftacles d'une autre efpece, & les priva de plufieurs avantages par une fauffe politique & des négociations mal concertées.

Pendant que l'on attendoit prefque de jour en jour la mort de Charles II, il fembloit que Léopold eût perdu de vue toutes fes prétentions fur la Couronne d'Efpagne, & que la Cour de Vienne eût entierement oublié celle de Madrid; & quand elle y envoya le Comte de Harrach, elle fit encore quelque chofe de pis. Je m'explique: le Roi d'Efpagne étoit prêt à déclarer l'Archiduc Charles fon Succeffeur, il défiroit qu'on lui envoyât ce jeune Prince; le peuple étoit porté d'inclination en faveur de l'Autriche ; ou il l'avoit été, & on auroit pû aisément le retourner du même côté ; à la Cour il n'y avoit encore aucune cabale formée en faveur des Bourbons, & il n'y avoit qu'une foible intrigue sur pied en faveur du Prince Electoral de Baviere. On auroit pû non seulement envoyer sur les lieux l'Archiduc prêt à recueillir la succession, mais y envoyer en même tems une armée Allemande pour le défendre ; car la Cour de Madrid insistoit pour avoir 12000 hommes de troupes Impériales, & plutôt que de ne les pas obtenir, elle offroit de contribuer à leur payement en secret, parce que si l'on eût sçu que l'Empereur se refusoit au payement d'un corps de ses propres troupes que l'on demandoit pour assurer cette Couronne à son fils, ç'auroit été une chose trop odieuse, capable d'aliéner entiérement les esprits des Espagnols & de porter un préjudice extrême au parti Autrichien. Ces propositions furent moitié rejettées & moitié éludées ; & au lieu de l'offre que l'on faisoit de la Couronne d'Espagne à l'Archiduc, le Conseil de Vienne demanda pour lui le Gouvernement de Milan, regardant comme un trait d'une profonde politique de s'assurer des Provinces d'Italie, & de laisser à l'Angleterre & à la Hollande le soin des Pays-Bas, de l'Espagne & des Indes. En éludant ces propositions, la Maison d'Autriche renonçoit en quelque sorte à toute la succession : au moins on peut dire que malgré les engagemens que l'Angleterre & la Hollande avoient pris ; elle fournissoit de bonnes raisons à ces Puissances pour refuser une tâche aussi difficile que celle de la mettre en possession par la force, tandis qu'elle pouvoit & qu'elle ne vouloit pas procurer à ses Alliés une tâche beaucoup plus aisée, qui eût été celle de la maintenir en possession.

J'ai dit que les mesures qu'il convenoit de prendre dans cette conjoncture furent rendues impraticables principalement par la faute de l'Empereur. Mais d'autres circonstances concoururent à y mettre obstacle. Je n'en rapporterai qu'une des plus remarquables, qui sera tirée de l'état de notre propre Patrie & de la disposition de notre peuple depuis l'avénement du Roi Guillaume au Trône d'Angleterre. Durant tous les progrès des armes de Louis XIV qui l'éleverent à une puissance si exorbitante, qu'elle lui donna des espérances bien fondées d'acquérir à sa Famille la succession de la Monarchie Espagnole, le Roi d'Angleterre avoit été ou un spectateur oisif de tout ce qui se passoit dans le continent, ou un Allié tiede & flottant dans le parti opposé à la France, ou un Allié chaud & sûr de son côté, ou un Médiateur partial entre elle & les Puissances Confédérées pour leur défense commune. La révolution produisit un aussi grand changement dans notre conduite avec l'étranger, que dans notre Gouvernement intérieur, & notre Nation s'engagea avec beaucoup de courage dans la guerre de 1688; mais c'étoit un courage téméraire, présomptueux & aveugle, mal conduit au dedans, & mal secondé au dehors : j'ai déja touché toutes ces choses en passant.

Nous n'avions pas été engagés dans de longues guerres dans le continent, ni ne nous étions mêlés fort avant dans des Confédérations étrangeres depuis les quatorziéme & quinziéme siécles. Néanmoins l'Histoire d'Edouard III & celle des douze ou quinze premieres années du régne d'Henri VI, auroient pû nous fournir quelques leçons générales mais utiles, tirées des tems éloignés, mais applicables au tems present. On auroit pû en tirer également de l'exemple d'Henri VIII, qui dissipa de grandes sommes ou pour le profit de prendre une Ville, ou pour l'honneur d'avoir un

Empereur à sa solde ; & qui partagea ensuite le Royaume de France par un Traité entre lui & Charles V, avec un succès qui répondit si peu à une telle entreprise qu'il est difficile de croire que leurs Majestés Impériale & Angloise fussent l'une & l'autre dans la bonne foi ; s'ils y étoient tous les deux, ils furent les dupes de leur présomption ; mais il est plus vrai-semblable que Henri VIII fut leurré dans cette occasion par les grandes espérances dont Charles flatta sa vanité, comme il l'avoit été au commencement de son régne par Ferdinand le Catholique dans la guerre de Navarre. Mais on ne fit point ces réflexions, & on n'avoit pas assez médité l'exemple d'Elizabeth la derniere de nos Princes qui ait fait une figure considérable au dehors, & de qui nous aurions pû apprendre à agir avec vigueur, mais à nous engager avec précaution, & à proportionner toujours notre assistance à nos propres moyens & aux nécessités réelles de nos Alliés.

Les frontieres de la France étoient désormais si bien fortifiées, son Commerce & ses forces navales tellement accrues, ses Armées si nombreuses, ses Troupes si bien disciplinées, si endurcies à la guerre & si animées par une longue suite de Campagnes heureuses, que ceux qui considéroient la situation de l'Europe, ne pouvoient manquer de prévoir combien on trouveroit de difficulté à réduire la puissance de la France. Malgré cette difficulté, nous étions obligés à tous égards & par toutes sortes de raisons

à

à l'entreprendre : mais nous devions donc nous engager dans cette entreprise avec plus de prévoyance, & la poursuivre non pas avec moins de courage & d'ardeur, mais avec plus d'ordre, plus d'économie, & une meilleure application de nos efforts. Mais ceux qui gouvernoient étoient bien aises de nous engager à quelque prix que ce fût ; & nous entrames dans ce grand plan d'opérations Militaires, précipités par la passion du jour, comme notre Nation n'y est que trop sujette. J'ai entendu dire à plusieurs de ceux qui étoient alors sur la scéne du monde, que notre Peuple en général croyoit & qu'on l'encourageoit à croire que la guerre ne seroit pas longue, si le Roi étoit vigoureusement soutenu ; & on a conservé un plat discours d'un Orateur de la Chambre des Communes, (à ce qu'il me semble) qui supplioit humblement Sa Majesté de profiter de l'occasion pour reconquérir son ancien Duché d'Aquitaine. Nous fûmes bien-tôt réveillés de ces reveries extravagantes. En sept ou huit Campagnes on n'avoit fait nulle breche à la France, qui étoit, pour ainsi dire, assiégée de tous côtés; & le seul triomphe du Roi Guillaume, après des défaites réitérées dans les Pays Bas où il avoit jetté tout le fort de la guerre, ce fut la reprise de Namur qui avoit été prise par les François quelques années auparavant.

Nous ne devons pas nous étonner que n'étant soutenu par aucuns succès au dehors, le courage se soit amorti chez nous; ni que les mécontentemens particuliers de ceux qui étoient ennemis du Gouvernement établi, joints au beaucoup plus grand nombre de ceux qui désapprouvoient le Ministére, ayent enflammé les mécontentemens généraux de la Nation opprimée par les taxes, minée par les Usuriers, battue sur terre & pillée sur mer. Comme nous nous portons toujours dans l'excès, quelques-uns auroient voulu continuer la guerre à quelque prix que ce fût, fût-ce sur ce même pied si onéreux; mais il n'étoit pas possible qu'ils l'emportassent dans une telle conjoncture des affaires & une telle disposition des esprits. Ceux qui gagnoient à la guerre & qui faisoient des fortunes immenses dans les calamités publiques, n'étoient pas alors en si grand nombre ni si puissans qu'ils ont été depuis;

le parti des Rentiers n'étoit pas encore un Rival capable de faire tête à celui des Propriétaires des Terres, soit dans la Nation ou dans le Parlement; il est vrai que les grandes Sociétés qui avoient été établies plutôt pour former une faction, que pour procurer à la Nation aucune utilité réelle, aspiroient dès-lors au crédit & à la force qu'elles ont acquis enfin dans la Législation, mais elles n'avoient pas fait tout le progrès qu'elles ont fait depuis, & la Cour avec elles, en corrompant la Nation par leur moyen. En un mot l'autre excès l'emporta, le gros de la Nation devint aussi impatient de sortir de la guerre qu'ils avoient été d'y entrer; & jusques-là peut-être n'y avoit-il pas beaucoup à les blâmer, vû la maniere dont cette guerre avoit été conduite. Mais ce ne fut pas tout, car dès que le Roi Guillaume eut fait la paix, notre esprit martial devint bien-tôt si pacifique, que nous paroissions fermement résolus à ne nous plus mêler des affaires du continent, ou au moins à ne plus employer nos Armes dans les querelles qui pourroient s'y élever ; & en conséquence nous réduisimes nos Troupes en Angleterre à 7000 hommes.

Je me suis quelquefois demandé, en réfléchissant sur ces affaires, ce que j'aurois fait si j'avois eu séance au Parlement dans ce tems-là ; & j'ai été forcé de m'avouer à moi-même que j'aurois opiné alors pour licentier l'Armée, comme j'opinai dans le Parlement suivant pour censurer les Traités de partage. Je suis forcé d'avouer cela, parce que je me souviens combien étoient imparfaites alors mes notions de l'état de l'Europe dans cette crise extraordinaire, & combien je voyois dans un faux jour les vrais intérêts de ma Patrie; mais, Monsieur, je l'avoue à ma honte, parce qu'en vérité on ne peut rien imaginer de plus absurde que la conduite que nous tînmes. Quoi, parce que nous n'avions pas abaissé la puissance de la France, ni exclu la Maison de Bourbon de la succession d'Espagne par la guerre, ni composé avec elle sur cela par le Traité de paix ; & parce que la Maison d'Autriche ne s'étoit pas aidée elle-même, & ne nous avoit pas mis à portée de l'aider avec plus d'avantage & avec une meilleure espérance de succès, devions-nous laisser toute cette succession exposée aux invasions de la France, ou laisser même subsister le hasard de voir ces deux Monarchies réunies ? Quoi, parce qu'il eût désormais été extravagant, après des expériences si récemment faites, de nous croire encore engagés par nos Traités, ou obligés en bonne politique à mettre la Maison d'Autriche en possession de toute la Monarchie Espagnole & à l'y maintenir par la force des Armes, devions-nous l'abandonner entiérement à la merci de la France ? Si nous ne devions pas en user ainsi, si nous ne devions pas prendre le premier des trois partis que j'ai exposés ci-dessus, & si l'Empereur nous avoit ôté le pouvoir de prendre le second avec avantage, devions-nous nous mettre de plus en plus dans l'impossibilité de le faire, & attendre désarmés la mort du Roi d'Espagne ? Enfin si nous n'avions pas la perspective de disputer avec la France aussi heureusement que nous aurions pû l'espérer, la succession d'Espagne lorsqu'elle seroit ouverte ; devions-nous non-seulement montrer en désarmant que nous ne voulions point la disputer du tout, mais encore censurer le troisiéme & dernier parti, auquel le Roi Guillaume eut recours, de composer avec la France pour prévenir, s'il étoit possible, une guerre dans laquelle nous avions de la répugnance à nous engager ?

Permettez-moi, Monsieur, de pousser ces réfléxions un peu plus loin, & de vous faire observer que si la proposition d'envoyer l'Archiduc en Espagne avoit été acceptée à tems & effectuée par la Cour Impériale, & que l'on en eût fait l'un des moyens de la Confédération, cette guerre auroit été prolongée à la vérité, mais la France n'auroit jamais pû empêcher le passage de l'Archiduc & de ses Troupes Allemandes, & notre Flotte auroit été mieux employée à les escorter & à couvrir les Côtes d'Espagne & des Domaines de cette Couronne tant en Europe qu'en Amérique, qu'elle ne le fut en tant d'expéditions sans dessein & sans conséquence depuis la Bataille de la Hougue jusqu'à la fin de la guerre. Il est vrai que la France auroit fait ses derniers efforts pour obtenir quelque satisfaction sur ses prétentions, si mal fondées qu'elles pussent être; elle auroit fait à la fin de cette guerre ce que nous fîmes au commencement de la suivante, quand nous demandames une satisfaction raisonnable pour l'Empereur ; & quoique je pense que les Alliés auroient eu presque à tous égards plus d'avantage à défendre l'Espagne qu'à attaquer la France, cependant en supposant que la défense eût été aussi mal conduite que fut l'attaque, & que par conséquent (soit que Charles II eût vécu jusqu'à la conclusion de cette guerre, ou qu'il fût mort auparavant) il eût fallu que la guerre finît par quelque partage ; ce partage auroit été fait par les Espagnols eux-mêmes. Ils avoient été forcés de composer avec la France sur ses anciennes prétentions ; ils auroient été obligés de composer sur celles-ci, & ils l'auroient fait avec un Prince Autrichien fur le Trône, précisément comme ils ont été obligés, depuis qu'ils ont eu fur leur Trône un Prince de la Maifon de Bourbon, de compofer fur les prétentions que nous foutenions contre eux; & il eft vraifemblable que dans le premier cas ils auroient obtenu une compofition beaucoup plus avantageufe; les Efpagnols étant unis, comme ils l'auroient été vraifemblablement, & foutenus par toute la Confédération, la France n'auroit pas pû les preffer, ni inonder toute leur Monarchie, comme nous preffames & les François & eux, & inondames leur Monarchie dans un hémifphere, & aurions pû le faire également dans l'autre, lorfqu'ils étoient peu unis entre eux & foutenus par la France feule. Mais la France n'auroit pas joué en de telles Négociations le rolle ridicule que l'Empereur a joué en celles qui ont conduit à la paix d'Utrecht, & n'auroit pas fait son marché plus mauvais en négligeant de le faire à tems.

Mais la premiere guerre finissant comme elle fit à Riswick, quoique je ne puisse pas voir comment le Roi Guillaume pouvoit éviter de laisser la Couronne d'Espagne & la Monarchie entiere à la discrétion de Louis XIV, autrement qu'en composant avec lui pour prévenir une nouvelle guerre qu'il n'étoit aucunement préparé à soutenir ; cependant il est incontestable que c'étoit jetter les Espagnols entre les bras de la France que de consentir à un partage de leur Monarchie. Le premier partage auroit peut-être eu lieu, si le Prince Electoral de Baviere eût vécu, parce que les François & les Espagnols mêmes l'auroient vu beaucoup plus volontiers que l'Archiduc, sur le Trône d'Espagne ; car de tous les partis qui divisoient cette Cour en 1698, celui de l'Autriche étoit devenu le plus foible, par le dégoût que l'on avoit pris d'une Reine Allemande, & de la rapacité & de l'insolence de ses favoris. Les François étoient regardés à Madrid avec estime & avec affection, mais les Allemands étoient devenus ou étoient sur le point de se voir les objets du mépris des Ministres & de l'aversion du Peuple. Le Prince Electoral mourut en 1699 : *l'Etoile d'Autriche si fatale à tous ceux qui ont été des obstacles à l'ambition de cette Mai-*

son l'emporta, comme s'exprimoit l'Electeur dans les premieres atteintes de sa douleur. Cette mort changea extrêmement l'état des choses. Suivant un nouveau partage, l'Archiduc devoit avoir l'Espagne & les Indes. Les Espagnols avoient marqué un vif ressentiment au premier partage, mais celui-ci poussa leur patience à bout. Ils le firent bientôt voir ; car le second traité de partage ayant été signé au mois de Mars 1700, le testament fut fait, autant que je puis me souvenir, au mois d'Octobre suivant.

Je n'entrerai point ici dans un long détail de ces grands événemens, Monsieur, j'espere que vous les trouverez rapportés fidélement, & expliqués à fond dans un ouvrage qu'il y a beaucoup d'apparence que vous prendrez la peine de parcourir quelque jour, & que je laisserai plutôt que je ne donnerai au public. Néanmoins il faut en dire encore ici quelque chose, pour continuer & conclure ce sommaire de la derniere période de l'Histoire moderne.

La France connut alors son avantage & elle le fit valoir sans doute, quoiqu'elle ne l'ait fait ni de la maniere, ni avec les circonstances que quelques Ecrivains de Mémoires & d'Anecdotes mensongeres ont osé avancer. Elle avoit envoyé l'un des plus habiles hommes de sa Cour à celle de Madrid (le Maréchal d'Harcourt) & elle avoit stipulé dans le second traité de partage, que l'Archiduc n'iroit ni en Espagne ni dans le

Milanez durant la vie de Charles II ; elle defiroit d'avoir l'option entre un traité de partage & un teftament. Par l'acceptation du teftament, toutes les mefures du Roi Guillaume furent rompues : il étoit auffi peu préparé à la guerre que lorfqu'il avoit fait ces traités pour la prévenir. Quelques perfonnes éclairées, mais qui fe piquent de rafiner, ont foupçonné qu'en les faifant il ne vifoit qu'à gagner du tems par la difficulté de les exécuter, & à fe préparer fous main à faire la guerre, lorfque la mort du Roi d'Efpagne allarmeroit tout le monde, & réveilleroit nos peuples de leur inaction & de leur négligence des affaires étrangeres : fi cela étoit ainfi (ce que j'avoue que je ne vois aucune raifon de croire), il échoua encore

encore en cela ; car la France prit possession pour le Duc d'Anjou de toute la Monarchie Espagnole à la fois & avec un concert universel, ou au moins sans difficulté ni opposition.

Par ce que j'ai observé, ou plutôt insinué fort succinctement, & peut-être même un peu confusément, il est manifeste que le Roi Guillaume, à la tête des Républiques d'Angleterre & d'Hollande & de la plus grande confédération que l'on eût encore vue en Europe, fut obligé d'abandonner les deux points qu'il s'étoit proposé : de reduire la puissance de la France, & d'assurer toute la succession Espagnole à la Maison d'Autriche. La France se fit confirmer par le Traité de Riswick toutes les acquisitions qu'elle eut envie de garder pour le maintien de sa puissance ; & par les Traités de partage, le Roi Guillaume reconnut au moins indirectement les prétentions de la Maison de Bourbon à la succession d'Espagne, comme Louis XIV y reconnut aussi indirectement celles de la Maison d'Autriche. Etrange situation ! dans laquelle pour se préparer à un événement visiblement si prochain & d'une si extrême importance qu'étoit la mort du Roi d'Espagne, il ne restoit d'autre expédient que de partager sa Monarchie sans son consentement & à son insçu. Si le Roi Guillaume n'eût pas fait ce partage, l'Empereur en auroit fait un, & l'auroit fait avec aussi peu d'égards pour le Commerce, pour la Barriere des Sept Provinces, & pour le système général de l'Europe, qu'il en avoit déja montré, quand il fit en 1668 le Traité particulier avec la France, dont j'ai fait mention dans ma Lettre précédente. Les Ministres de Vienne ne manquerent pas d'insinuer à ceux de France des ouvertures d'un Traité séparé, comme plus avantageux à leurs intérêts réciproques que l'accession de Sa Majesté Impériale au Traité de partage. Mais le conseil de Versailles jugea très-sensément que si un partage devoit avoir lieu, celui qui étoit fait avec l'Angleterre & la Hollande seroit plus solide qu'aucun autre ; & que ce même partage n'auroit ni plus ni moins de vertu que celui que l'on pourroit faire avec l'Empereur, pour fournir des argumens aux Emissaires de la France, & des motifs au Conseil d'Espagne, s'il étoit possible d'obtenir un testament en faveur de la Maison de Bourbon. Je le repete encore, je ne vois pas que le Roi Guillaume, dans une position comme celle où il se trouvoit après trente ans de débats, pût faire autre chose que ce qu'il fit ; & d'un autre côté, après le ressentiment que les Espagnols avoient marqué, & le furieux Mémoire qui avoit été présenté par Canales sur la conclusion du premier Traité de partage, je ne vois pas comment ce Prince pouvoit faire ce qu'il fit sans appréhender qu'il n'en resultât un testament en faveur de la France. Il étoit dans la plus fâcheuse de toutes les situations politiques, puisqu'il ne lui restoit aucun bon parti à prendre, & qu'il ne pouvoit éviter de laisser les deux Nations qu'il avoit gouvernées si long tems, réduites à combattre où à négocier comme elles pourroient, elles & leurs Alliés.

Lorsque le Testament fut fait & accepté, Louis XIV avoit réussi & les Puissances qui lui étoient opposées avoient échoué dans tous les grands objets d'intérêt & d'ambition qu'ils avoient eus en vue pendant plus de 40 ans, c'est-à-dire depuis la paix des Pyrenées. Dans la Tragédie qui suivit, les Acteurs changerent de rolles : la Puissance qui avoit si long-tems & si cruellement attaqué la Monarchie Espagnole se chargea de la défendre désormais, & les Puissances qui l'avoient si long-tems défendue entreprirent de l'attaquer de toutes parts. Voyons comment cela fut poussé; & afin de le voir mieux & de porter un jugement plus sain sur tout ce qui s'est passé depuis la mort de Charles II jusqu'à la paix d'Utrecht, remontons jusqu'au tems de cette mort, & considérons les circonstances qui formoient cette complication d'affaires sous trois différens points de vûe : par rapport au droit, par rapport à la politique, & par rapport à la puissance.

Le droit de succéder à la Couronne d'Espagne auroit indubitablement appartenu aux Enfans de Marie Thérese, c'est-à-dire à la Maison de Bourbon, si ce droit n'avoit été barré par les renonciations solemnelles si souvent citées. Les prétentions de la Maison d'Autriche étoient fondées sur ces renonciations ratifiées au Traité des

Pyrenées, & confirmées par le Testament de Philippe IV. Les prétentions de la Maison de Bourbon étoient fondées sur la supposition que ces rénonciations étoient nulles par leur nature ; pure supposition assurément, & même des plus vaines. La dispute par rapport au droit avoit roulé entiérement là-dessus durant la vie de Charles II, & elle auroit continué sur le même pied même après sa mort, si les rénonciations étoient restées sans atteinte, si à l'exemple de son pere il les eut confirmées par son Testament, & qu'en conséquence il eût laissé sa Couronne à la Maison d'Autriche. Mais le Testament de Charles II annullant ces renonciations, sappa le seul fondement des prétentions Autrichiennes ; car de quelque maniere que l'on puisse avoir obtenu cet Acte de lui, il étoit tout aussi valide que celui de son pere, & il fut confirmé par le consentement universel de la Nation Espagnole à la nouvelle disposition qu'il fit de sa Couronne. Accordons, comme je crois qu'il en faut convenir, que les héritiers naturels ne pûssent reclamer contre des renonciations qui étoient pour ainsi dire des conditions de leur naissance; mais Charles II avoit certainement autant de droit de changer le cours de la succession pour le ramener à l'ordre de la nature, & de la constitution de cette Monarchie après la naissance de ses vrais héritiers, que Philippe IV en avoit eu de troubler cet ordre & d'altérer cette constitution avant leur naissance ou en tout autre tems; il avoit enfin autant de droit de dispenser du Traité des Pyrenées & de le rejetter à cet égard, que son pere en avoit eu de le faire; de sorte que les renonciations étant annullées par celle des Parties contractantes au Traité des Pyrenées qui les avoit exigées de l'autre, elles ne pouvoient plus être censées lier en vertu de ce Traité la Partie qui les avoit faites à la réquisition de la premiere.

La question de droit entre ces Maisons rivales se réduisoit donc à savoir si les engagemens que Louis XIV avoit pris par les Traités de partage l'obligeoient de s'attacher en tous événemens aux termes du dernier, & de priver sa famille de la succession à laquelle elle étoit appellée par le Roi d'Espagne & par toute la Nation Espagnole, plutôt que de se départir d'un accommodement qu'il avoit fait sur des prétentions alors sujettes à contestation, mais qui par le Testament de Charles II étoient devenues incontestables ? On peut dire & on a dit que les Traités de partage étant absolus & sans aucune condition ni exception relative à quelques dispositions que le Roi d'Espagne eût faites ou pût faire de sa succession en faveur des Maisons de Bourbon ou d'Autriche; la disposition faite par son Testament en faveur du Duc d'Anjou ne pouvoit affecter des engagemens si récemment pris par Louis XIV dans ces Traités, ni le dispenser de les observer à la lettre. Si l'on ne considéroit que Louis XIV personnellement, cela pourroit être vrai selon les principes d'une étroite juſtice ; mais j'ai bien de la peine à croire qu'aucune des Puiſſances qui crierent ſi haut contre la perfidie de la France eût été plus ſcrupuleuſe en pareil cas ; on auroit cité la maxime *ſummum jus, ſumma injuria* (rien de plus injuſte que la juſtice pouſſée à l'extrême), & on auroit adouci la rigueur de la lettre des Traités par .e interprétation équitable de leur eſprit & de leur intention. D'ailleurs peut-on dire que Louis XIV, en tranſigeant ſur des prétentions litigieuſes, eût rendu toute ſa poſtérité à jamais incapable d'acquérir par un nouveau titre un droit plus légitime à la même ſucceſſion ? Par deſſus tout cela, Sa Majeſté Impériale n'avoit pas l'ombre de droit de ſe récrier contre la France à cette occafion ; car fi fa Famille devoit être dépouillée généralement de tous les Domaines qu'elle a acquis par des manques de foi & par des moyens beaucoup plus illégitimes que l'acceptation du Teftament (en paffant même pour vraies toutes les circonftances odieufes que l'on a voulu imputer à la conduite de la France), la Maifon d'Autriche retomberoit de fa grandeur préfente dans l'état de baffeffe où elle étoit il y a deux ou trois fiécles ; & l'Empereur perfonnellement qui avoit conftamment refufé d'accéder au Traité de partage ou de fe foumettre aux difpofitions qu'on y avoit faites, n'avoit pas le moindre prétexte plaufible pour reprocher à Louis XIV de s'en être défifté. Tel étoit, felon moi, le droit des deux Maifons à la mort de Charles II. Il y auroit une égale folie à entreprendre de peser le droit des Espagnols, Nation indépendante, à régler la succession de leur propre Monarchie ou à recevoir le Prince que leur Roi y avoit appellé en mourant, & le droit de l'Angleterre & de la Hollande à régler cette succession, étrangere à leur égard, & à diviser & dépécer cette Monarchie en différens lots : l'un est trop évident, l'autre trop absurde pour admettre aucun parallele.

Mais en voilà assez de dit sur le droit, qui fut en vérité fort peu considéré par aucune des Parties intéressées de près ou de loin dans tout le cours de ce grand Procès. Les divers intérêts particuliers furent seuls considérés, & ils furent poursuivis selon que l'ambition, la crainte, le reſſentiment & la vanité les dirigea ; j'entens l'ambition des deux Maiſons contendantes pour la ſupériorité de puiſſance, la crainte de l'Angleterre & de la Hollande que cette ſupériorité ne devînt trop grande dans l'une ou dans l'autre, le reſſentiment des Eſpagnols ſur le projet de démembrement de leur Monarchie par les Traités de partage, enfin la vanité tant de cette même Nation que des Princes de la Maiſon de France, car comme la vanité ſe mêla avec le reſſentiment pour faire le Teſtament, la vanité eut beaucoup de part à en déterminer l'acceptation.

Conſidérons maintenant la même conjoncture par rapport à la Politique. Voici quelle étoit celle du Conſeil d'Eſpagne. Ils ne pouvoient digérer que leur Monarchie fût divisée; & ce principe est exprimé très-énergiquement dans le Testament de Charles II, où il exhorte ses Sujets à ne souffrir aucun démembrement ni diminution d'une Monarchie fondée avec tant de gloire par ses Prédécesseurs. Trop foibles pour empêcher ce démembrement par leurs propres efforts, trop bien instruits du peu de vigueur & des vues étroites de la Cour de Vienne, & voyant leurs anciens Alliés engagés à procurer ce démembrement, même par la force des armes, il ne leur restoit autre chose à faire sur ce principe, que de détacher la France des engagemens qu'elle avoit pris par les Traités de partage, en donnant toute leur Monarchie à un Prince de la Maison de Bourbon.

Quelque chose que l'on ait pu dire sur les intrigues de la France pour obtenir un Testament en sa faveur, & cependant garder en réserve les avantages stipulés pour elle par les Traités de partage, si l'on ne pouvoit obtenir un tel Testament, & quoique je sois persuadé que le Maréchal d'Harcourt qui aida à procurer ce Testament, fit aussi bien sa cour à Louis XIV, que le Maréchal de Tallard qui avoit négocié les partages; il est néanmoins certain que l'acceptation du Testament n'étoit pas un parti définitivement pris à Versailles quand le Roi d'Espagne mourut; l'alternative divisa ce Conseil, & sans approfondir aujourd'hui les argumens que que l'on fit valoir de part & d'autre, l'adhésion aux partages sembloit la

cause

cause de la France, & l'acceptation du Testament celle de la Maison de Bourbon.

Des gens d'un grand poids dans le Conseil d'Espagne, & aussi peu entêtés de la Maison de Bourbon & de la Nation Françoise que leurs peres l'avoient été, ont prétendu que si l'Angleterre & la Hollande n'avoient pas formé une confédération, & commencé les hostilités, ils auroient rendu Philippe V aussi bon Espagnol qu'aucun des Philippes précédens, & n'auroient pas souffert l'influence du Conseil de France sur l'administration de leur Gouvernement; mais que nous les jettames tout-à-fait entre les bras de la France lorsque nous commençames la guerre, parce que ne pouvant se passer des Flottes ni des Ar-

Tome II. L

mées de cette Couronne pour leur défense, ils ne pouvoient éviter de se soumettre à son influence, tant qu'ils auroient le même besoin de ces secours ; & nous avons vu en effet que cette influence n'a pas duré plus longtems. Mais malgré tout cela, il faut avouer que la guerre étoit inévitable pour nous. La sureté actuelle du Commerce, la garantie des Barrieres, un préservatif contre l'union des deux Monarchies dans aucun tems à venir, & le maintien au moins d'une certaine proportion entre les deux côtés de la balance de puissance étoient des points trop importans à l'Angleterre, à la Hollande & au reste de l'Europe, pour s'en reposer sur la modération de la France, ou sur la vigueur du Conseil d'Espagne sous un Prince de la

Maison de Bourbon. S'il n'eût été question que de la satisfaction de la Maison d'Autriche, aux droits de laquelle l'Angleterre & la Hollande n'avoient pas eu beaucoup d'égards dans le tems qu'ils paroissoient mieux fondés qu'ils ne pouvoient l'être depuis le Testament, répandre une goute de sang, ou dépenser dix Schelings pour cette querelle, auroit été une trop grande profusion. Mais c'étoit proprement le côté de la balance dans lequel il étoit désormais de l'intérêt commun de jetter tout le poids que l'on pourroit tirer de celui de Bourbon. Et de là vient, Monsieur, que quand les négociations avec le Comte d'Avaux furent mises sur le tapis en Hollande pour prévenir une guerre, ou plutôt de notre part pour gagner du tems afin de nous y préparer; le grand article sur lequel nous insistames fut que l'on donnât à l'Empereur une satisfaction raisonnable pour ses prétentions fondées sur le Traité de partage. Nous ne pouvions pas faire autrement; & la France qui offroit de prendre le Traité de Rilwick pour base du nouveau Traité, ne pouvoit pas consentir que le Traité de partage en servît, après avoir accepté le Testament & s'être engagée par-là à s'opposer à tout partage ou démembrement quelconque de la Monarchie Espagnole. Remarquons ici en passant que ce fut dans cette même vue de gagner du tems que nous reconnumes d'abord Philippe V en qualité de Roi d'Espagne.

Je ne ferois mention d'aucune des

autres demandes de l'Angleterre & de la Hollande, si je pouvois négliger de vous faire observer, Monsieur, que pour embarasser davantage une négociation dont la réussite étoit impossible par d'autres considérations, on employa dans ce tems-là le même artifice que nous avons vu souvent employer durant le cours de la guerre par les Ministres Anglois & Hollandois, pour empêcher le succès de diverses négociations qui auroient pû & dû réussir. Cet artifice consistoit à « se réserver la liberté non seulement » d'expliquer les termes proposés, mais » encore de les étendre & de les amplifier dans le cours de la négociation. Je ne me rappelle pas les mots, mais tel en est le sens, & tel étoit le but des Confédérés dans l'un & l'autre cas.

Dans le premier le Roi Guillaume étoit déterminé à la guerre par toutes les regles de la bonne politique, puisqu'il ne pouvoit obtenir, ou pour mieux dire, puisque la France ne pouvoit accorder dans cette conjoncture, sans y être contrainte par la force des Armes, ce que suivant toutes les régles d'une saine politique il ne pouvoit se dispenser d'exiger. Il ne se proposoit donc autre chose par cette Négociation, si l'on peut l'appeller ainsi, que de conserver les formes & les apparences, comme je l'insinuois tout à l'heure, & d'avoir le tems de faire les dispositions tant au dehors qu'au dedans.

Beaucoup de choses concoururent à favoriser les préparatifs du Roi Guillaume au dehors. L'allarme qui avoit été répandue par l'acceptation du Testament, s'accrut à chaque pas que fit la France pour en assurer l'effet. Ainsi, par exemple, la surprise des Troupes Hollandoises, qui étoient dispersées dans les Garnisons des Pays-Bas Espagnols, & qui furent toutes arrêtées dans la même nuit & à la même heure par les François, fit à peu près la même impression sur les esprits que les diverses usurpations que la France avoit faites par surprise en d'autres tems; & cette démarche ne fut point excusée par la nécessité qu'il y avoit d'assurer ces Places à l'obéissance de Philippe, ni adoucie par l'attention que l'on eut de renvoyer ces Troupes incontinent après; personne ne savoit alors que la Souveraineté des Dix Provinces devoit être cédée à l'Electeur de

Baviere, & chacun voyoit qu'il n'y restoit plus aucune Barriere entre la France & les Provinces-Unies.

Par rapport au dedans, l'esprit de la Nation fut absolument tourné à la guerre contre la France à la mort de Jacques II, lorsque Louis XIV reconnut son Fils en qualité de Roi d'Angleterre; ce qu'il fit, à ce que je pense, sur des importunités de femmes, mais certainement sans aucun égard ni à la foi publique, ni au véritable intérêt de la France dans la conjoncture présente, ni aux véritables intérêts du Prince ainsi reconnu dans aucune conjoncture que l'on puisse supposer. Je sai que l'on a dit pour excuser cette démarche, que le Traité de Riswick obligeant seulement sa Majesté très-chrétienne à ne point troubler le Roi

Guillaume dans sa possession, il avoit pû sans violer ce Traité reconnoître le jeune Prince en qualité de Roi d'Angleterre, suivant la décision des Casuistes de la Cour de France, & suivant l'exemple même des François qui ne savent point mauvais gré aux Puissances qui traitent avec les Rois d'Angleterre, quoique ceux-ci prennent toujours le titre de Rois de France; de même aussi que l'Espagne ne trouve point à rédire que les autres Etats traitent avec les Rois de France, quoiqu'ils prennent toujours le titre de Rois de Navarre. Mais outre que ces exemples ne viennent pas à propos, parce que nulle autre Puissance n'a reconnu formellement les Rois d'Angleterre en qualité de Rois de France, ni les Rois de France en qualité de Rois de Navarre; de quel front les François pouvoient-ils excufer cette démarche en s'attachant à la rigueur de la lettre d'un article du Traité de Rifwick contre le fens manifefte de ce même article, & contre toute la teneur ce Traité, eux qui pour juftifier l'acceptation du Teftament demandoient que l'on s'attachât à l'efprit prétendu & à l'intention générale des Traités de partage contre la lettre, les engagemens formels & tout le but de ces Traités ? La conduite de Louis XIV à cet égard me paroît d'autant plus furprenante, que dans ce même tems il fe conduifit prefque à tous autres égards avec beaucoup de circonfpection, & parut même quelquefois facrifier fon intérêt pour calmer les efprits de fes voifins, réconcilier l'Europe à l'élévation de son petit-Fils, & éviter toute apparence de vouloir commencer les hostilités.

Quoique le Roi Guillaume fût déterminé à entrer en guerre avec la France & l'Espagne, cependant la même bonne politique qui l'y engageoit le détermina à ne pas s'y engager trop avant. L'engagement qu'il prit dans la grande Alliance de 1701, fut » de procurer une satisfaction rai- » sonnable & équitable à Sa Majesté » Impériale pour ses prétentions à la » succession d'Espagne, & une sûreté » suffisante au Roi d'Angleterre & » aux Etats Généraux pour leurs Do- » maines & pour la Navigation & le » Commerce de leurs Sujets, & de » prévenir l'union des deux Monar- » chies, Françoise & Espagnole. »

Comme Roi d'Angleterre & comme Stathouder de Hollande, il ne devoit ni ne pouvoit s'engager plus avant.

Ce seroit peut-être une question agiter entre les Politiques spéculatifs, savoir si la balance de puissance en Europe auroit été mieux assurée par le plan que l'on s'étoit proposé dans les Traités de partage, & particuliérement dans le dernier ; ou par celui que l'on se proposoit dans la grande Alliance comme l'objet de la guerre? Je pense qu'il n'y a pas là grand sujet de dispute, comme j'aurai occasion de le dire plus expressément dans la suite. Je dirai seulement ici que cette guerre que le Roi Guillaume préméditoit, & que la Reine Anne poursuivit, avoit pour objet un partage, suivant lequel un Prince de la Maison de Bourbon déja reconnu par les Hollandois & par nous en qualité de Roi d'Espagne, devoit rester sur le Trône de cette Monarchie démembrée. La sagesse qui présidoit à ces Conseils vit que la paix pouvoit être rétablie & assurée sur ce pied, & que la liberté de l'Europe ne seroit aucunement en danger.

Les bassins de la balance politique ne seront jamais dans un équilibre parfait, ni ses poids assez justes pour déterminer les dégrés de puissance avec une exacte précision, qu'il n'est ni possible ni nécessaire de discerner ; il suffit en cela comme dans toutes les affaires humaines que l'inégalité ne soit pas trop grande ; il y en aura toujours plus ou moins. Une attention constante à ces inégalités est donc nécessaire : quand elles sont petites, on peut aisément en prévenir l'accroissement par un soin vigilant & par les diverses précautions que la bonne politique suggere ; quand elles deviennent grandes, ou faute de ce soin & de ces précautions, ou par la force des événemens imprévus, il faut déployer plus de vigueur, & faire de plus grands efforts. Mais même dans ces cas-là il est besoin de beaucoup de réflexion sur toutes les circonstances qui forment la conjoncture ; de peur que si l'on attaque avec un mauvais succès, l'inégalité ne se confirme, & que la puissance qui sembloit déja exorbitante, ne le devienne d'avantage ; & de peur aussi que si l'on attaque avec un bon succès, pendant que l'on pillera l'un des bassins, on ne jette dans l'autre un trop grand poids de puiſſance. En des cas ſemblables, celui qui a conſidéré dans l'Hiſtoire des ſiécles paſſés les étranges viciſſitudes que le tems produit, & le flux & reflux perpétuel des fortunes publiques & particulieres des Royaumes & des Etats, auſſi-bien que de ceux qui les gouvernent ou qui y ſont gouvernés, ſera diſpoſé à croire que ſi la balance peut être ramenée par la guerre à peu près, ſinon exactement, au point où elle étoit avant cette grande déclinaiſon, on peut laiſſer le reſte aux accidens, & à l'uſage qu'une ſage politique eſt capable d'en faire.

Lorſque Charles-Quint étoit au comble de ſa puiſſance & dans l'apogée de ſa gloire, qu'un Roi de France

& un Pape étoient en même-tems ses prisonniers, il faut avouer que si l'on compare sa situation & celle de ses voisins, ils avoient au moins autant à craindre de lui & de la Maison d'Autriche, que les voisins de Louis XIV, ont eu à craindre de lui & de la Maison de Bourbon, quand après tous ses autres succès il est parvenu à placer un de ses petits-fils sur le Trône d'Espagne ; & cependant je ne me rappelle pas qu'entre toutes les conditions des diverses Ligues faites contre Charles-Quint, il ait jamais été stipulé » que l'on ne feroit aucune paix » avec lui tant qu'il seroit Empereur & » Roi d'Espagne, ni tant qu'aucun » Prince Autrichien seroit capable » d'unir sur sa tête les Couronnes Impériale & Espagnole.

Si vous faites l'application de ceci, Monsieur, vous trouverez que la différence de quelques circonstances, n'empêche pas que cet exemple ne soit très-convenable, & très-concluant pour notre objet présent. Charles-Quint étoit Empereur & Roi d'Espagne; mais ni Louis XIV n'étoit Roi d'Espagne, ni Philippe V Roi de France. Il étoit arrivé dans un cas, ce qu'on appréhendoit qui ne pût arriver dans l'autre. Cela étoit arrivé, & il étoit raisonnable d'appréhender que cela n'arrivât encore, & que les Couronnes Impériale & Espagnole ne pussent rester non seulement dans la même Famille, mais sur les mêmes têtes; car il y avoit des mesures prises pour assurer la succession de l'une & de l'autre à Philippe fils de Charles. Nous ne trouvons point cependant qu'il ait été formé aucune confédération, pris aucun engagement, ni fait aucune guerre pour éloigner ou pour prévenir un auſſi grand mal. Les Princes & Etats de l'Europe ſe contentoient de s'oppoſer aux deſſeins de Charles-Quint, & de réprimer l'accroiſſement de ſa puiſſance dans l'occaſion, non point conſtamment, mais ſelon que l'intérêt préſent les y invitoit, ou que la néceſſité les y forçoit. Ils firent peut être trop peu contre lui, & quelque fois trop pour lui; mais s'ils ne firent pas tout ce qu'ils devoient faire, le tems & les accidens firent le reſte. Des Domaines diſtincts & des Prétentions différentes, formerent des intéréts oppoſés dans la Maiſon d'Autriche, & ſur l'abdication de Charles-

Quint, ce fut son frere & non son fils qui lui succéda à l'Empire. La Maison d'Autriche se partagea en Branche Allemande & Branche Espagnole ; & si les deux Branches vinrent à avoir une influence réciproque l'une sur l'autre, & souvent des intérêts communs, ce ne fut que depuis que l'une d'elles fut déchue de sa grandeur, & que l'autre y aspira plutôt qu'elle n'en fut en possession. Enfin Philippe fut exclu du Trône Impérial par une progression si naturelle de causes & d'effets, provenans non seulement de l'Allemagne, mais de sa propre Famille, que s'il y avoit eu un Traité fait pour l'en exclure en faveur de Ferdinand, on auroit pu dire avec beaucoup de vraisemblance que ce Traité se feroit exécuté de lui-même.

La précaution dont j'ai parlé & qui fut négligée en ce cas fans aucun préjudice à la caufe commune de l'Europe, ne fut pas négligée dans la grande Alliance de 1701. Car l'un des points que l'on fe propofa pour objet de la guerre, étoit d'obtenir une fureté effective contre l'union éventuelle des Couronnes de France & d'Efpagne. Le Teftament de Charles II prend des mefures contre le même hafard; & ce grand principe d'empêcher qu'il ne tombât trop de puiffance & de Domaines dans le lot de l'une des Familles de Bourbon ou d'Autriche, fembloit être admis de toutes parts, puifque dans le Traité de partage on prenoit la même précaution contre l'union des Couronnes Impériale & Efpagnole. Le Roi Guillaume étoit assez piqué contre la France : ses anciens préjugés étoient forts & bien fondés ; elle l'avoit battu en guerre, dupé en négociation, & outragé personnellement ; l'Angleterre & la Hollande étoient suffisamment allarmées & animées ; & dans notre Isle même, il ne manquoit pas d'un parti prêt à approuver tous les engagemens qu'il eût pu prendre contre la France & l'Espagne, & en faveur de la Maison d'Autriche, quoique nous fussions moins intéressés, par intérêt National qu'aucune des autres Puissances qui prirent part en la guerre, soit alors, soit depuis : mais ce Prince se garda bien d'y prendre part au-delà de ce que les intérêts particuliers de l'Angleterre & de la Hollande, & l'intérêt général de l'Europe exigeoient nécessairement. Le dépit ne doit avoir non plus de lieu que l'affection dans des délibérations de cette espece. S'engager à détrôner Philippe par ressentiment contre Louis XIV, c'eût été une résolution digne de Charles XII Roi de Suede, qui sacrifia à sa vengeance son pays, son peuple, & lui-même à la fin. S'engager à conquerir la Monarchie Espagnole pour la Maison d'Autriche, ou faire en faveur de cette Maison un pas de plus qu'il n'étoit nécessaire pour la maintenir sur un pied de rivalité avec l'autre, c'eût été jouer le rolle d'un Vassal & non d'un Allié : un Vassal expose son Etat & ruine ses Sujets pour l'intérêt, quelquefois pour le caprice seul ou la passion de son Seigneur Suzerain ; un Allié ne va pas plus avant que fes propres intérêts ne l'y portent, & ne pouffe pas la guerre pour ceux d'un autre (ni même pour les fiens propres quand ils font éloignés & contingens) comme s'il combattoit * pour fa Religion, fa Liberté & fes Poffeffions.

Nous entrames dans la guerre qui commença à la mort de Charles II, conformément à ces principes d'une bonne politique, mais nous nous en départimes bientôt, comme j'aurai occafion de l'obferver en confidérant l'état des chofes en cette conjoncture remarquable par rapport à la force. Permettez-moi de rappeller ici ce que j'ai déja dit quelque part. Ceux qui font dans le côté de la balance de puiffance qui baiffe, ne reviennent pas

* *Pro aris & focis.*

aisément ni promptement des préjugés habituels de supériorité sur leurs voisins, ni de la confiance que de tels préjugés inspirent. Depuis l'an 1667, jusqu'à la fin de ce siécle, la France avoit toujours eu les armes à la main, & ses armes avoient été heureuses; elle avoit soutenu une guerre sans aucuns Alliés contre les principales Puissances de l'Europe liguées contre elle, & l'avoit finie avec avantage de tous côtés, précisément avant la mort du Roi d'Espagne. Après la paix, elle resta armée par mer & par terre. Elle augmenta ses forces pendant que les autres Nations réduisoient les leurs, & elle étoit prête à se défendre ou à attaquer ses voisins, pendant que leur confédération étant rompue, ils étoient hors d'état de l'attaquer, &

en mauvaise posture pour se défendre eux-mêmes. L'Espagne & la France n'avoient désormais qu'une cause commune ; les Electeurs de Baviere & de Cologne la soutenoient en Allemagne; les deux Couronnes avoient en Italie le Duc de Savoye pour Allié & le Duc de Mantoue pour Vassal ; en un mot les apparences étoient formidables de ce côté ; & si une défiance des forces du côté des Confédérés, avoit engagé précédemment l'Angleterre & la Hollande à composer avec la France, pour un partage de la succession Espagnole, il sembloit qu'il y eût bien plus de fondement pour une telle défiance après l'acceptation du Testament, la paisible & prompte soumission de la Monarchie entiere d'Espagne à Philippe, & toutes les mesures prises pour le maintenir en cette poffeffion. De telles apparences pouvoient bien tromper; auffi beaucoup de gens s'y tromperent, mais perfonne plus que les François eux-mêmes, qui s'engagerent dans la guerre avec beaucoup de confiance & d'ardeur, quand ils la trouverent inévitable, comme ils devoient s'y attendre. Les forces de la France néanmoins quoique grandes, n'étoient pas fi grandes que les François les croyoient, ni proportionnées aux efforts qu'ils entreprenoient de faire: leur engagement à maintenir la Monarchie Efpagnole entiere fous l'obéiffance de Philippe, paffoit leurs forces; notre engagement à en procurer quelques lambeaux à la Maifon d'Autriche, n'étoit pas fi difproportionné aux nôtres. Si je parle pofitivement en cette occasion, je ne puis néanmoins être accusé de présomption, parceque quelque litigieux que ces points puissent avoir été, lorsque c'étoient des points de spéculation politique, ils ne le sont plus aujourd'hui, & le jugement que je porte, m'est dicté par l'expérience. La France se jetta elle-même dans le côté de la balance qui baissoit, lorsqu'elle accepta le Testament ; ce côté continua à baisser durant tout le cours de la guerre, & on auroit pu par la paix le tenir aussi bas que le véritable intérêt de l'Europe l'exigeoit. Ce que je me souviens d'avoir ouï dire au Duc de Marlborough avant qu'il vint prendre le commandement de l'armée dans les Pays-Bas en 1702, s'est trouvé vrai : les François se mécomptoient beaucoup, s'ils faisoient la même comparaison entre leurs troupes & celles de leurs ennemis, qu'ils avoient faite dans les guerres précédentes ; celles qui leur avoient été opposées dans la derniere, étoient neuves pour la plupart quand elles la commencerent, & particulierement les Anglois : mais ils avoient été disciplinés, pour ainsi dire, par leurs propres défaites, & ils étoient devenus des vétérans lors de la paix de Riswick : & quoique plusieurs eussent été licentiés, cependant ils l'avoient été récemment, de sorte que ceux-là même étoient aisés à former de nouveau, & que tous avoient conservé le courage, qu'ils avoient acquis. Les levées pour recruter les armées furent plus abondantes du côté des Confédérés que de celui des deux Couronnes ; d'où il sembloit s'ensuivre nécessairement que celles des premiers deviendroient meilleures, & celles des derniers plus mauvaises, dans une guerre longue, étendue & sanglante. Je crois que cela se trouva ainsi ; & si ma mémoire ne me trompe, les François furent bientôt forcés d'envoyer des Recrues à leurs Armées, comme ils envoyoient des Forçats à leurs Galeres. Un paralelle de ceux qui devoient diriger les Conseils & commander les Armées de part & d'autre, est une tâche qu'il ne me conviendroit pas d'entreprendre ; l'événement montra que si la France avoit eu son Condé, son Turenne ou son Luxembourg à opposer aux Confédérés, les Confédérés auroient pu leur opposer avec une égale confiance leur Eugene de Savoye, leur Marlborough ou leur Staremberg.

Mais il y a une observation que je ne puis m'empêcher de faire ici, c'est que les alliances étoient conclues, les contingens étoient réglés, & la saison d'entrer en Campagne approchoit, quand le Roi Guillaume mourut. Cet événement ne pouvoit manquer d'occasionner quelque consternation d'un côté, & de donner quelques espérances de l'autre; car malgré le mauvais succès avec lequel il faisoit la guerre, généralement parlant, il étoit regardé comme le seul centre d'union qui pût maintenir ensemble la grande Confédération, & la joie extravagante & indécente que les François avoient marquée peu d'années auparavant sur le faux bruit de sa mort, montroit à quel point ils le craignoient vivant. On connut en peu de tems combien étoient vaines les frayeurs des uns & les espérances des autres. Sa mort mit le Duc de Marlborough à la tête de notre Armée, & en effet de toute la Confédération, où lui, un homme nouveau, un particulier, un sujet, acquit par son mérite & par sa conduite une *influence* plus décisive, qu'une haute naissance, une autorité affermie, & la Couronne même de la Grande-Bretagne n'avoient donné au Roi Guillaume. Non-seulement il tint plus liées & plus entieres toutes les parties de cette vaste machine (la grande Alliance), mais il imprima à tous ses ressorts un mouvement plus rapide & plus vigoureux ; & au lieu de ces Campagnes languissantes ou malheureuses,

nous vîmes chaque scene de la guerre remplie d'action ; toutes celles où il parut, & plusieurs où, sans être personnellement Acteur, il étoit toujours le Promoteur des opérations, furent couronnées par les plus glorieux succès. Je saisis avec plaisir cette occasion de rendre justice à ce grand homme, dont je connoissois les défauts, dont j'admirois les vertus, & dont j'honore la mémoire comme du plus grand Général & du plus grand Ministre qui ait jamais été dans notre Pays, & peut-être dans aucun autre. Mais d'ailleurs l'observation que j'ai faite ne m'écarte pas de mon sujet, puisqu'elle sert à vous montrer la preuve de ce que j'ai dit ci-dessus, Monsieur, que la France entreprit trop, lorsqu'elle prétendit maintenir la
Monarchie

Monarchie Espagnole entiere dans la possession de Philippe, & que nous n'entreprimes rien qui ne fût proportionné à nos forces, lorsque nous prétendimes affoiblir cette Monarchie, en la démembrant dans les mains d'un Prince de la Maison de Bourbon, d'où notre mauvaise fortune & notre plus mauvaise conduite nous avoient rendus incapables de l'arracher tout-à-fait.

On peut dire que le grand succès des Confédérés contre la France, prouve que leurs Généraux étoient supérieurs aux siens, mais non pas que leurs Troupes & leurs forces Nationales le fussent également ; qu'avec les mêmes Troupes avec lesquelles elle fut battue, elle auroit pû être victorieuse ; que si elle l'eût été, ou si le succès de la guerre eût varié, ou s'il eût été aussi peu décisif contre elle en Allemagne; aux Pays-Bas & en Italie, qu'il l'étoit en Espagne, ses forces auroient paru suffisantes & celles de la Confédération insuffisantes. Il y a beaucoup de choses qu'on pourroit répondre pour détruire ce raisonnement ; je me contenterai d'une seule. La France n'auroit pas pû faire long-tems même les efforts infructueux qu'elle faisoit, si l'Angleterre & la Hollande avoient fait ce qu'il est incontestable qu'elles avoient la faculté de faire ; si indépendamment du pillage, pour ne pas dire de la conquête, des Indes Occidentales Espagnoles, ils avoient empêché les François d'aller à la Mer du Sud, comme ils firent annuellement durant tout le cours de la guerre sans la moindre inquiétude, & d'où ils apporterent en France en ces tems-là une quantité d'or & d'argent égale au montant de toutes les espéces de ce Royaume. Malgré cet immense & constant renfort de richesses, la France fut réduite en effet à faire banqueroute avant la fin de la guerre. Combien y auroit-elle été plutôt réduite, si on l'avoit privée d'une telle ressource. J'ai pour confirmer mon sentiment l'aveu de la France même. Elle avoua son insuffisance pour soutenir ce qu'elle avoit entrepris, lorsqu'elle supplia pour la paix dès l'an 1706 ; elle avoit fait ses derniers efforts pour répondre à l'attente des Espagnols, & conserver leur Monarchie entiere ; quand l'expérience eut fait voir évidemment que cela n'étoit pas en sa puissance, elle se crut justifiée envers la Nation

Espagnole de consentir à un partage; & elle se montra disposée à conclure la paix avec les Alliés sur les principes de leur grande Alliance. Mais comme la France avoit semblé trop se flatter, & qu'elle commençoit à désirer d'abandonner une entreprise qui excédoit ses forces; vous trouverez, Monsieur, que ses ennemis commencerent à se flatter trop à leur tour, & à former des desseins & prendre des engagemens qui excédoient les leurs. La Grande-Bretagne ne fut entraînée que peu à peu dans ces engagemens; car je ne me souviens d'aucune Déclaration Parlementaire avant l'an 1706, tendante à continuer la guerre jusqu'à ce que Philippe fut détrôné. Une telle Déclaration fut jugée nécessaire alors pour seconder la résolution prise par nos Ministres & par nos Alliés, de se départir des principes de la grande Alliance, & pour proposer comme objet de la guerre non-seulement la réduction des François, mais encore la conquête de toute la Monarchie Espagnole. Il y avoit deux ans que ce nouveau plan avoit pris la place de l'ancien, & que nous avions commencé à agir en conséquence en concluant le Traité avec le Portugal, & envoyant l'Archiduc Charles, aujourd'hui Empereur, en Portugal premierement & ensuite en Catalogne, & le reconnoissant & le soutenant comme Roi d'Espagne.

Quand vous parcourrez, Monsieur, les anecdotes du tems dont nous parlons ici, & que vous considérerez le cours & l'issue de la grande guerre qui s'alluma à la mort du Roi d'Espagne Charles II, & qui fut terminée par les Traités d'Utrecht & de Rastat ; vous trouverez que pour former un juste jugement sur le tout, il est nécessaire de considérer avec beaucoup d'attention le grand changement produit par le nouveau plan dont j'ai parlé, & de le comparer avec le plan de la grande Alliance, relativement à l'intérêt général de l'Europe, & à l'intérêt particulier de notre propre Patrie. On ne niera pas, car cela est incontestable, que l'on auroit pû obtenir par un Traité de paix en 1706, tout ce qu'on s'étoit proposé par la grande Alliance. Je n'ai pas besoin de rappeller les événemens de cette année, ni des années précédentes de la guerre. Non-feulement les Armées de France avoient été battues de tous côtés, mais l'état intérieur de ce Royaume étoit déja plus épuifé qu'il n'avoit jamais été. Elle pourfuivit fon chemin à la vérité, mais en bronchant & chancelant à chaque pas fous le faix de la guerre. La fituation de la Grande-Bretagne n'étoit pas tout-à-fait fi mauvaife; mais le fardeau de la guerre s'accroiffoit annuellement fur nous, il étoit évident qu'il continueroit à s'accroître, & il n'étoit pas moins évident que notre Nation étoit incapable de le porter, fans tomber dans des embarras, & contracter des dettes, telles que nous les avons vues, & que nous nous en reffentons encore. Les Hollandois ne diminuerent point leur Commerce, ni ne le furchargerent de taxes; ils altérerent bien-tôt la proportion de leurs contingens, & ils y manquerent même après y avoir fait cette altération. Cependant il faut convenir qu'ils déployerent toute leur force, & qu'eux & nous payames toutes les charges de la guerre. Puis donc qu'en faisant des efforts tels qu'on ne pouvoit les continuer plus long-tems, sans opprimer & appauvrir ces Nations au dernier point, (à quoi on ne peut être obligé par aucun engagement à affifter des Alliés de toutes fes forces, ni par aucun intérêt, excepté celui de fa propre confervation) on avoit abaiffé la France, & qu'on s'étoit mis à portée d'obtenir tout ce qu'on s'étoit propofé pour but de la guerre, pourquoi ne fit-on pas le véritable ufage des fuccès des Confédérés contre la France & l'Espagne, & pourquoi ne conclu-on pas la paix dans la cinquiéme année de la guerre ? Cela vaut bien la peine que vous le considériez, Monsieur ; & quand vous comparerez en vous-même quel auroit été l'état de l'Europe, & quel auroit pû être celui de notre propre Patrie, si le plan de la grande Alliance eût été suivi, avec les conséquences tant possibles que certaines, tant contingentes que nécessaires, du changement de ce plan en celui que l'on y substitua ; je pense que votre opinion sera (& il me semble après plus de vingt ans de recueillement, de revision, & de réflexion, que la postérité impartiale ne sauroit manquer d'être de la même opinion), que la guerre étoit sage & juste avant le changement, parce qu'elle étoit nécessair:, pour maintenir entre les Puissances de l'Europe, cet équilibre d'où dépend la paix publique & la prospérité commune; mais qu'elle devint insensée & injuste après ce changement, parce qu'elle n'étoit plus nécessaire à cette fin, & qu'on la dirigeoit à des fins différentes & contraires. Vous serez guidé par des faits incontestables à découvrir parmi toutes les fausses couleurs qui y ont été appliquées, & qui tromperent en ce tems-là beaucoup de monde, que la guerre après ce changement devint une guerre de passion, d'ambition, d'avarice & d'intérêt propre; intérêt propre, soit des personnes particulieres, soit des Etats particuliers; auquel l'intérêt général de l'Europe fut si absolument sacrifié, que si les termes sur lesquels les Confédérés insistoient leur avoient été accordés, je dis plus, si ceux même que la France fut réduite à offrir en 1710, avoient été acceptés, il se seroit formé un nouveau systême de puissance tel qu'il auroit pû exposer la balance de cette puissance à des déclinaisons, & la paix de l'Europe à des troubles, non moindres que ceux dont l'appréhension avoit été le principal motif de la guerre, puisqu'on ne l'avoit commencée que pour les prévenir.

Pendant que vous observerez cela en général, vous trouverez une occasion particuliere de déplorer le sort de la Grande-Bretagne, au milieu des triomphes que l'on a fait sonner si haut. Elle avoit triomphé en effet jusqu'à l'an 1706 inclusivement. Mais quels furent ſes triomphes, paſſé cela ? Quel fut ſon ſuccès depuis qu'elle ſuivit ce nouveau plan ? Je m'étendrai un peu ſur ce ſujet dans un moment. Permettez-moi ſeulement de dire ici, que la gloire de prendre des Villes, & de gagner des Batailles, doit être meſurée par l'utilité qui réſulte de ces Victoires. Des Victoires qui font honneur aux Armées d'une Nation, peuvent faire la honte de ſon Conſeil. Gagner une Bataille, prendre une Ville, c'eſt la gloire d'un Général & d'une Armée. Nous avons été très-bien partagés de cette gloire dans le cours de la guerre. Mais la gloire d'une Nation eſt de proportionner les fins qu'elle ſe propoſe, à ſon intérêt & à ſes forces, les moyens qu'elle employe, aux fins qu'elle ſe propoſe, & la vigueur qu'elle déploye, aux uns & aux autres ensemble. J'ai peur que nous n'ayons fort peu à nous vanter de cette gloire en aucun tems, & particuliérement dans la grande conjoncture dont je parle.

Les raisons d'ambition, d'avarice & d'intérêt particulier qui engagerent les Princes & Etats de la Confédération à se départir des principes de la grande Alliance, n'étoient pas des raisons pour la Grande-Bretagne ; elle n'attendoit ni ne désiroit rien de plus que ce qu'elle auroit pû obtenir en s'attachant à ces principes. Qu'est-ce donc qui précipita notre Nation avec tant de courage & d'ardeur dans ceux du nouveau plan ? Vous trouverez, je crois, de vous-même la réponse à cette question, Monsieur, dans les préjugés & l'aveugle partialité, dans le crédit que les premiers succès des Armes des Confédérés donnerent à nos Ministres, & l'air populaire (si l'on peut ainsi parler) qu'ils donnerent à la guerre, dans les ressentimens anciens & nouveaux qu'avoient produits les injustes & violentes usurpations de Louis XIV ; toute sa conduite pendant quarante ans de suite, ses airs de hauteur avec les autres Princes & Etats, & même le style de sa Cour ; & pour ne pas m'étendre d'avantage, dans une opinion sans fondement, mais établie, qu'il étoit & seroit le maître tant que son petit-fils seroit Roi d'Espagne ; & qu'il n'étoit pas possible de prendre aucunes mesures efficaces (quoique la grande Alliance le supposât possible) pour prévenir l'union future des deux Monarchies, tant qu'un Prince de la Maison de Bourbon seroit en possession du Trône d'Espagne. Qu'une telle opinion eût prévalu, dans la premiere confusion des pensées que la mort & le Testament de Charles II produisit parmi la plupart des hommes, qui voyoient les Flottes & les Armées de France prendre possession de toutes les parties de la Monarchie Espagnole, il n'y a pas là de quoi étonner ceux qui considéreront combien la plûpart des hommes sont mal informés des choses les plus importantes; combien ils sont incapables de juger, & cependant combien ils se pressent de former un jugement ; enfin combien ils se suivent inconsidérément l'un l'autre en toute opinion populaire que des Chefs de Parti sement adroitement, ou à laquelle les premieres apparences des choses ont donné occasion. Mais dans ce tems-là même, les Conseils d'Angleterre & d'Hollande n'adopterent pas cette opinion : ils agirent sur une idée absolument différente, comme on le pourroit montrer par plusieurs preuves, s'il étoit besoin d'aucune autre que de celle qui se tire de la grande Alliance. Lors donc que ces mêmes Conseils ont semblé adopter cette opinion dans la suite, & qu'ils ont agi, & pris des engagemens pour agir en conséquence, nous en pouvons conclure qu'ils avoient d'autres motifs. Ils savoient que comme on avoit poussé les Espagnols par les deux Traités de partage, à donner leur Monarchie à

un

un Prince de la Maison de Bourbon, on les jetta dans les bras de la France par la guerre que l'on fit pour les forcer à un troisiéme. Si nous agissions bien sur les principes de la grande Alliance, les Espagnols agissoient bien sur ceux du Testament; & si nous ne pouvions éviter de faire une guerre offensive aux dépens de former & de maintenir une grande Confédération, ils ne pouvoient éviter de rechercher la protection & l'assistance de la France dans une guerre défensive, & particuliérement au commencement (selon ce que j'ai déja observé quelque part) en cédant à l'autorité, & admettant l'influence de cette Cour dans toutes affaires de leur Gouvernement. Nos Ministres savoient donc que, par rapport à cet ascendant que Louis XIV pouvoit conferver fur fon petit-fils; s'il y avoit quelqu'induction à tirer de cette opinion, c'étoit d'abréger la guerre & non de la prolonger, de délivrer les Efpagnols le plutôt qu'il feroit poffible des habitudes d'union & d'intimité avec la France, & non de les tenir dans la même néceffité, jufqu'à ce que ces habitudes fe fuffent confirmées par la longeur du tems. Quant à l'impoffibilité de prévenir efficacement l'union éventuelle des deux Monarchies Françoife & Efpagnole, en laiffant un Prince de la Maifon de Bourbon en poffeffion de la Couronne d'Efpagne, ils favoient que cette opinion étoit fauffe & ridicule. Garth, le fou le plus ingénieux que j'aie jamais connu, l'enfant gâté de la nature, pouvoit avoir raifon quand il dit dans ce tems-là en quelqu'un de ses Poëmes : *il n'appartient qu'à un Prince Autrichien de roupiller sur le Trône d'Espagne* *. L'installation d'un Prince Autrichien sur ce Trône, étoit sans doute le plus sûr moyen de prévenir l'union des deux Monarchies de France & d'Espagne, tout comme l'installation d'un Prince de la Maison de Bourbon sur ce même Trône étoit le plus sûr moyen de prévenir l'union des Couronnes Impériale & Espagnole. Mais il étoit également faux dans l'un & l'autre cas que ce fût l'unique moyen. Ce seroit une proposition aisée à prouver, quoiqu'elle ait l'air d'un paradoxe, que si on avoit pourvu efficacement à prévenir ces unions,

* *An Austrian Prince alone*
Is fit to nod upon a Spanish throne.

il auroit peu importé à l'intérêt général de l'Europe, lequel de Philippe ou de Charles eût régné paisiblement à Madrid. Ce ne seroit pas non plus un paradoxe insoutenable de dire que vers le milieu de la derniere grande guerre, lorsque l'on faisoit du détrônement de Philippe en faveur de Charles une condition nécessaire de la paix *, le hasard de l'union de la France & de l'Espagne sous un même Prince paroissoit plus éloigné que celui de l'union des Couronnes Impériale & Espagnole. Bien plus, je ne sai si ce seroit un paradoxe d'assurer que l'expédient que l'on prit & que l'on fut toujours à portée de prendre, d'exclure Philippe & sa postérité de la succession de France, en formant un intérêt dans tous les autres

* Conditio sine quâ non.

Princes du Sang, & par conséquent un parti dans la France même pour leur exclusion lorsque le cas arriveroit, étoit de sa nature plus efficace qu'aucun expédient que l'on eût pu prendre (& assurément on auroit dû en prendre quelques-uns) non seulement pour exclure Charles de l'Empire, lorsque le cas arriveroit, comme il arriva bientôt, de la mort de son frere Joseph sans enfans mâles, mais d'en exclure également sa postérité dans toutes les vacances futures du Trône Impérial. Ceux qui étoient opposés à la paix, tâcherent de tourner en ridicule l'expédient qui fut pris contre Philippe au Traité d'Utrecht ; mais quelques-uns d'entre eux ont eu occasion de voir depuis (quoique le cas ne soit pas arrivé) combien cet expédient auroit été efficace si le cas étoit arrivé; & celui qui entreprendroit de le tourner en ridicule après notre expérience, se rendroit seul ridicule lui-même.

Malgré tout cela, quiconque voudra remonter à ce tems, sera obligé de reconnoître que les Puissances confédérées, en général, ne pouvoient manquer d'être du sentiment de Garth, & de croire plus conforme à l'intérêt commun de l'Europe, que la succession Espagnole fût recueillie par une Branche d'Autriche que par une Branche de Bourbon, & que les Puissances Maritimes (comme on les appelle assez improprement, vû la supériorité de la Grande-Bretagne) pouvoient croire qu'il étoit de leur intérêt particulier d'avoir pour Roi d'Espagne un Prince dépendant d'eux, au moins pour quelque tems, plutôt qu'un Prince, qui, tant qu'il seroit obligé à quelque dépendance, seroit naturellement attaché à la France. Je ne dis pas, comme quelques-uns ont dit, un Prince dont la Famille étoit notre ancienne Alliée, plutôt qu'un Prince dont la Famille étoit notre ancienne Ennemie, parce que je ne compte pas beaucoup sur la reconnoissance des Princes, & je suis aussi persuadé qu'un Prince d'Autriche Roi d'Espagne n'auroit eu pour nous de ces sortes de retours, qu'à proportion du besoin qu'il auroit eu de nous, que je le suis que Philippe & sa postérité ne porteront pas plus loin leur reconnoissance envers la France. Si cette affaire avoit donc été entiere à la mort du Roi d'Espagne, & que nous n'eusfions point fait de partage, ni lui de Teſtament, toute la Monarchie d'Eſpagne auroit été le prix pour lequel on auroit combattu, & nos vœux & tous les efforts que nous euſſions été capables de faire, dans l'état le plus dépourvu que l'on puiſſe imaginer, auroient dû être du côté de l'Autriche. Mais il s'en falloit beaucoup que l'affaire ne fût en ſon entier : un Prince de la Maiſon d'Autriche auroit pu être ſur les lieux avant la mort du Roi d'Eſpagne pour recueillir ſa ſucceſſion ; mais au lieu de cela un Prince de la Maiſon de Bourbon y fut auſſi-tôt après, & prit poſſeſſion de toute la Monarchie à laquelle il avoit été appellé par le Teſtament du feu Roi & par la voix de la Nation Eſpagnole. Les conſeils d'Angleterre & d'Hollande préférerent donc très-sagement par leur engagement dans la grande Alliance, ce qui étoit plus praticable, quoique moins bon en soi, à ce qu'ils jugeoient le meilleur à choisir, mais qu'ils voyoient qui étoit devenu par le cours des événemens, sinon abso- absolument impraticable, au moins une entreprise plus longue, plus difficile, & qui entraîneroit dans une plus grande dépense de sang & de trésors que ces Nations n'étoient en état de soutenir, ou qu'il ne leur convenoit de prendre sur elles, lorsqu'on pouvoit à meilleur marché pourvoir suffisamment à leur sureté & à celle du reste de l'Europe. Si les Confédérés ne pouvoient obtenir par la force de leurs armes, ce qui faisoit l'objet de la guerre déterminé par la grande Alliance, à quel propos en auroient-ils stipulé davantage ? Et s'ils étoient en état de l'obtenir, il étoit évident que tandis qu'ils démembreroient la Monarchie Espagnole, ils devoient abbaisser la puissance de la France. C'est ce qui arriva en effet, les Pays-Bas furent conquis, les François furent chassés d'Allemagne & d'Italie, & Louis XIV qui avoit si long-tems & si récemment allarmé tout le monde, fut reduit à supplier pour la paix.

Si on la lui avoit accordée en 1706, sur quel pied auroit-il fallu la lui accorder ? Les Alliés avoient déja en leur pouvoir tous les Etats qui devoient composer la *satisfaction raisonnable* stipulée pour l'Empereur; je dis, en leur pouvoir; parceque quoique Naples & la Sicile ne fussent pas actuellement réduits alors, cependant vû l'expulsion des François hors de l'Italie, & la disposition du peuple de ces Royaumes, il étoit clair que les Alliés pouvoient les réduire quand il leur plairoit. Les armes des Confédérés étoient supérieures jusqu'alors en Espagne, & diverses Provinces reconnoissoient Charles III ; si le reste lui eût été cédé par un Traité, on seroit venu à bout de tout ce que le nouveau plan demandoit. Si les François n'avoient pas voulu encore abandonner Philippe, comme nous avions trouvé que les Castillans ne le voulurent pas abandonner, lors même que notre Armée étoit à Madrid, on auroit obtenu tout ce que demandoit l'ancien plan, celui de la grande Alliance. Mais la France & l'Espagne n'auroient encore rien donné pour acheter la paix, & elles étoient en des circonſtances à ne pas l'eſpérer ſans l'acheter. Elles l'auroient achetée, Monſieur; & la France, auſſi-bien que l'Eſpagne, auroit contribué la plus grande partie du prix, plutôt que de continuer la guerre dans ſon état d'épuiſement. Un tel Traité de paix auroit été en effet un troiſiéme Traité de partage, mais infiniment préférable aux deux premiers. La grande objection aux deux premiers ſe tiroit de l'aggrandiſſement conſidérable de Domaines, qui revenoit par là non pas à une branche de la Maiſon de Bourbon, mais à la Couronne même de France. Je ſais ce qu'on peut dire d'aſſez ſpécieux pour perſuader qu'un tel aggrandiſſement de Domaines auroit plutôt affoibli qu'augmenté la puissance de la France, & quels exemples on peut tirer de l'Histoire pour soutenir une telle opinion. Je sais pareillement que la figure arrondie de la France & la contiguité de toutes ses Provinces, fait une partie très-essentielle de la force de sa Monarchie. Si les desseins de Charles VIII, de Louis XII, de François I & d'Henri II avoient réussi, les Domaines de la France auroient été plus étendus ; & je crois que la force de sa Monarchie auroit été moindre. J'ai quelquefois pensé que la perte même de la Bataille de Saint Quentin, qui obligea Henri II à rappeller le Duc de Guise d'Italie avec son Armée, ne fut pas à cet égard un événement malheureux. Mais le raisonnement qui est bon, à ce que je pense, quand on l'applique à ces tems, ne tiendra pas si on l'applique aux nôtres, & au cas que je considére ici, vû l'extrême différence de l'état actuel de la France, de celui de ses voisins & de toute la constitution de l'Europe. L'objection aux deux Traités de partage avoit donc une force réelle ; la puissance de la France qui sembloit déja exorbitante, auroit été accrue par cette accession de Domaines entre les mains de Louis XIV; & l'usage qu'il se proposoit d'en faire pour tenir l'Italie & l'Espagne en échec, se voit par l'article qui lui donne les Ports sur la Côte de la Toscane, & la Province de Guipuscoa. Le Roi Guillaume pouvoit aisément voir cela, & je ne doute pas qu'il ne le vît, mais ce Prince pouvoit croire aussi que pour cette raison là même, Louis XIV s'en tiendroit en tous événemens au Traité de partage, & que ces conséquences étoient plus éloignées & sujettes à moins de danger, que de ne point faire de partage du tout. Le partage même le plus mauvais, que l'on eût pû faire par un Traité de paix en 1706, auroit été précisément le revers de cela. La France auroit été affoiblie, & ses Ennemis fortifiés par ses cessions, du côté des Pays-Bas, de l'Allemagne & de la Savoye; si un Prince de sa Famille Royale étoit demeuré en possession de l'Espagne & des Indes Occidentales, il ne lui en seroit revenu aucun avantage, & on auroit opposé des barrieres effectives à l'union des deux Monarchies; la Maison d'Autriche auroit eu une satisfaction raisonnable pour cette ombre de droit qu'un partage précédent lui donnoit ; elle n'en avoit point d'autre depuis le Testament de Charles II, & l'on peut justement l'appeller une ombre, puisque l'Angleterre, la Hollande & la France ne pouvoient conférer aucun droit réel à la succession Espagnole, ni à aucune de ses parties. Elle avoit refusé d'accéder à ce partage, avant que la France s'en détachât, & elle auroit préféré les Provinces d'Italie sans l'Espagne ni les Indes Occidentales, à l'Espagne & aux Indes Occidentales sans les Provinces d'Italie. Les Provinces d'Italie seroient tombées dans son lot par ce partage ; les demandes particulieres de l'Angleterre & de la Hollande n'auroient souffert

aucune

aucune difficulté ; & celles que nous nous étions obligés par des Traités à faire pour d'autres, auroient été aisées à ajuster.

N'en auroit-ce pas été assez, Monsieur, pour la sureté publique, pour l'intérêt commun, & pour la gloire de nos armes, d'avoir humilié & réduit en cinq campagnes une Puissance qui avoit troublé & insulté l'Europe près de 40 ans ; d'avoir rétabli dans un espace de tems si court la balance de puissance de l'Europe à un point suffisant d'équilibre, après que pendant plus de 50 ans, c'est-à-dire depuis les Traités de Westphalie, elle avoit successivement décliné de ce point ; en un mot d'avoir gagné en 1706 une partie qui avoit paru désespérée au commencement du siécle ? Etre venus à bout de tout cela avant que la guerre eût épuisé nos forces, c'étoit assurément ce que pouvoit désirer de mieux quiconque n'avoit en vue que le bien public; & on n'a jamais pu, ni l'on ne pourra jamais donner une raison honnête, pourquoi la guerre fut prolongée davantage ; pourquoi nous ne fîmes pas la paix après une guerre courte, vigoureuse & heureuse, ni ne mimes la France absolument hors d'état de la continuer plus long-tems à quelque prix que ce fût. J'ai dit, & il est vrai, que nous l'aurions mise entierement hors d'état de le faire, si nous avions causé une plus grande interruption au commerce de l'Espagne ancienne & nouvelle ; & si nous avions empêché la France de tirer annuellement, depuis l'an 1702, des trésors aussi immenses qu'il lui en revenoit par les vaisseaux qu'elle envoyoit avec la permission de l'Espagne à la mer du Sud. On a avancé, & c'est une opinion commune, que quoique les Traités eussent accordé tant aux Hollandois qu'à nous la liberté de faire des Conquêtes dans les Indes Occidentales Espagnoles, (liberté même que nous aurions pû prendre indépendamment de la permission de Sa Majesté Impériale, puisque nous étions engagés dans la guerre) nous fumes retenus d'en faire usage par la jalousie des Hollandois. Soit ; mais d'aller à la mer du Sud, y commercer si nous pouvions, piller les Indes Occidentales sans faire de Conquêtes, si cela ne se pouvoit, & soit que nous fissions commerce ou pillage, empêcher les Fran-

çois d'y commercer ; c'étoit une démarche que l'on peut croire qui n'auroit donné nulle jalousie aux Hollandois qui pouvoient prendre part à ces expéditions, & qu'il est à présumer qui l'auroient fait; ou si elle leur eût donné de la jalousie, qu'auroient-ils pû répliquer quand un Ministre de la Grande-Bretagne leur auroit dit :
» Qu'il leur convenoit peu de trouver
» mauvais que nous commercions avec
» les Espagnols aux Indes Occiden-
» tales , ou que nous les pillions au
» détriment de notre Ennemi com-
» mun, pendant que nous tolérions
» le commerce qu'ils faisoient avec
» cet Ennemi même à son grand avan-
» tage & au leur, contre nos Remon-
» trances, & en violant la condition
» sur laquelle nous avions accordé la

» premiere augmentation de nos for-
» ces dans les Pays-Bas. Nous aurions
pû suivre ces mesures nonobstant tous
les engagemens que nous avions pris
par notre Traité avec le Portugal, si
je me rappelle bien ce Traité : mais
au lieu de cela nous consumames nos
forces, & nous dissipames millions sur
millions pour soutenir notre alliance
avec cette Couronne, & pour suivre
le projet chimérique dont on fit la
base de cette alliance. Je l'appelle ainsi,
parce qu'il étoit également chimérique d'attendre une révolution en faveur de Charles III sur la mince autorité d'un homme aussi frivole que
l'Amiral de Castille, &, quand cela
nous eut manqué, d'espérer de conquérir l'Espagne au moyen de l'assistance des Portugais & de la révolte

P iij

des Catalans. C'étoit cependant fur ce fondement que l'on bâtit le nouveau fyftême de la guerre, & que l'on prit tant de pernicieux engagemens.

Les motifs particuliers tant des hommes de condition privée, que des Princes & Etats divers pour prolonger la guerre, font en partie connus & fe devinent en partie aujourd'hui. Mais en quelque tems qu'il arrive (car je fuis perfuadé que cela arrivera) que leurs motifs fecrets, leurs projets & leurs intrigues fecretes puiffent fe découvrir, je ne crains point de vous dire, Monfieur, que l'on verra la fcene d'iniquité & de folie la plus confufe qu'il foit poffible d'imaginer. En attendant, fi vous confidérez feulelement le Traité de la Barriere, comme Mylord Townshend le figna fans ordre, ou plutôt en vérité contre les ordres (car le Duc de Marlborough quoique Plénipotentiaire Adjoint ne le signa pas); si vous considérez les fameux Préliminaires de 1709, que nous fimes mine de ratifier par moquerie, quoique nous sçussions qu'ils ne seroient pas acceptés (car le Marquis de Torcy l'avoit dit au Pensionaire avant que de partir de La Haye *); si vous fouillez dans les anecdotes de Gertruydemberg, & si vous consultez d'autres papiers autentiques qui sont existans; vous verrez, Monsieur, la politique du nouveau plan dans ce jour, à ce que je crois. Quoique nous eussions refusé, avant que la guerre commençât, de prendre des enga-

* Ce même Monsieur de Torcy me l'a assuré plusieurs fois depuis.

gemens pour la Conquête de l'Espagne, cependant aussi tôt qu'elle fut commencée, la raison des choses étant toujours la même (car on ne peut pas dire que le succès de nos premieres Campagnes l'eut alterée), nous primes ces mêmes engagemens. Par le Traité dans lequel ils furent pris pour la premiere fois, le Portugal fut attiré dans la grande Alliance ; c'est-à-dire qu'il consentit à employer ses formidables Armées contre Philippe aux frais de l'Angleterre & de la Hollande, pourvû que nous renonçassions nous-mêmes à faire aucunes acquisitions, & que la Maison d'Autriche promît d'acquérir plusieurs Places importantes en Espagne, & une immense étendue de Pays en Amérique. C'est par de semblables marchés que toute la Confédération fut formée & maintenue. De tels moyens en effet étoient très-efficaces pour multiplier des Ennemis à la France & à l'Espagne; mais un projet assez étendu & assez difficile pour rendre nécessaires beaucoup de marchés de cette sorte, & nécessaires pendant un grand nombre d'années & pour un événement fort incertain, c'étoit un projet dans lequel, pour cette raison-là-même, l'Angleterre & la Hollande n'auroient pas dû entrer. C'est une chose digne de votre observation, Monsieur, que ces méchans marchés n'auroient pas été continués, comme ils le furent presque jusqu'à notre ruine totale, si la guerre n'eût pas été prolongée sur la prétendue nécessité de réduire toute la Monarchie Espagnole à l'obéissance de la

Maison d'Autriche. Or comme nul autre Confédéré, excepté le Portugal, ne devoit recevoir sa récompense par aucun démembrement de Domaines dans l'ancienne ou la nouvelle Espagne, les engagemens que nous prîmes de conquérir toute cette Monarchie n'avoient aucune cause nécessaire, au moins visible, que d'engager cette Puissance, qui étoit déja neutre, à accéder à la grande Alliance. Cette accession, comme je l'ai dit ci-devant, ne servit qu'à nous faire négliger des avantages présens & certains pour des espérances éloignées & incertaines, & à nous faire choisir d'entreprendre avec des frais immenses de réduire les Espagnols, tandis que nous aurions pû les affamer, & en les affamant réduire & les François & eux à leurs propres frais.

J'ai appellé la nécessité de réduire toute la Monarchie Espagnole à l'obéissance de la Maison d'Autriche, une prétendue nécessité, & c'en étoit une prétendue & non réelle sans doute ; mais je suis porté à croire que vous irez plus loin, Monsieur, & que vous trouverez quelques raisons de soupçonner que l'opinion même de cette nécessité n'étoit pas bien réelle dans l'esprit de ceux qui la faisoient valoir ; (dans l'esprit, dis-je, des plus habiles d'entre eux, car qu'elle fût réelle en quelques-uns de nos zélés politiques Anglois, je leur fais la justice de le croire). Vous pourrez trouver des raisons, Monsieur, pour soupçonner peut-être que cette opinion fut plutôt mise en avant pour occasionner une diversion des forces de la France, & fournir des prétextes de prolonger la guerre pour d'autres motifs.

Jusqu'à l'an 1710, la guerre fut poussée vivement en Espagne avec différens succès; ainsi l'on peut dire que le dessein de conquérir ce Royaume subsistoit toujours & que l'on n'étoit pas sans espérance d'y réussir. Mais pourquoi donc les Etats-Généraux refuserent-ils en 1709, d'admettre dans le Traité de la Barriere un article par lequel ils se seroient engagés à procurer toute la Monarchie Espagnole à la Maison d'Autriche, lorsque ce zélé politique, Mylord Townshend, les pressoit de le faire ? S'ils étoient réellement persuadés de la nécessité de pousser la guerre jusqu'à ce qu'on pût obtenir ce point, pourquoi se privoient-ils des avantages immenses qui leur étoient donnés avec tant de profusion par ce Traité, plutôt que de consentir à un engagement si conforme à leur opinion ? Passé l'an 1710, on ne sauroit dire, je crois, que la guerre pût être soutenue en Espagne avec aucune espérance d'avantage de notre part. Nous avions suffisamment éprouvé combien il falloit peu compter sur la vigueur des Portugais, & combien la Nation Espagnole en général, & les Castillans en particulier étoient fermement attachés à Philippe. Nos Armées avoient été deux fois à Madrid, ce Prince avoit été chassé deux fois de sa Capitale, son Rival y avoit été, personne ne remua en faveur du victorieux, tous faisoient des vœux & agissoient en faveur du vaincu : enfin la fausseté de tous ces leurres par lesquels nous avions été poussés à faire la guerre en Espagne avoit suffisamment paru en 1706 ; mais elle étoit si palpable en 1710, que M. Craggs (qui fut envoyé vers la fin de cette année par M. Stanhope en Angleterre, chargé de commissions qu'il exécuta avec beaucoup de jugement & de dextérité) m'avoua que, suivant l'opinion même de M. Stanhope (qui n'étoit pas sujet à désespérer des succès, particulierement dans l'exécution de ses propres projets), il n'y avoit plus rien à faire en Espagne, vu l'attachement général des peuples à Philippe, & leur aversion pour Charles ; que des Armées de vingt ou trente mille hommes pourroient courir ce pays sans effet jusqu'au jour du jugement (c'étoit son expression). Que toutes les fois qu'ils paroîtroient, le peuple se soumettroit à Charles III par crainte, & qu'aussi-tôt qu'ils seroient partis, il proclameroit de nouveau Philippe V par affection ; qu'il falloit une grande armée pour conquérir l'Espagne, & une plus grande pour la garder.

Etoit-il possible après cela de songer de bonne foi à conquérir l'Espagne, & ceux qui continuoient à tenir le même langage & à insister sur les mêmes projets pouvoient-ils être dans la bonne foi ? Pouvoient-ils y être l'année suivante, lorsque l'Empereur Joseph mourut ? Charles étant désormais le seul mâle vivant de la Maison d'Autriche, succéda à l'Empire aussi-bien qu'à tous les Etats héréditaires de cette Famille. Ceux-là pouvoient-ils être de bonne foi, qui soutenoient même dans cette conjoncture » qu'il ne pouvoit y avoir de paix sûre, » honorable & durable, tant que le » Royaume d'Espagne & les Indes » Occidentales resteroient en la possession » d'une branche de la Maison » de Bourbon? Se proposoient-ils que Charles fût Empereur & Roi d'Espagne? En ce projet ils auroient eu les Alliés contre eux. Se proposoient-ils d'appeller le Duc de Savoye à la Couronne d'Espagne, ou de la donner à quelque autre Prince? En ce projet ils auroient eu contre eux Sa Majesté Impériale. Dans l'un & l'autre cas, la Confédération auroit été rompue; &

alors

alors comment auroient-ils continué la guerre ? Ne se proposoient-ils rien, ou se proposoient-ils quelque chose de plus qu'ils ne pouvoient avouer, quelque chose de plus que de reduire la puissance exorbitante de la France, & d'arracher toute la Monarchie Espagnole à la Maison de Bourbon?

On auroit pu obtenir ces deux points à Gertruydemberg ; pourquoi ne le fit-on pas? Lisez les Préliminaires de 1709, dont on faisoit la base de ce Traité ; informez-vous de ce qui s'y passa, & observez ce qui suivit ; vous demeurerez étonné, Monsieur ; je ne manque point de l'être chaque fois que j'y refléchis, quoique j'aye vu ces choses d'assez près dans le tems même qu'elles se passoient, & quoique je sache très-certainement que la France perdit deux ans auparavant (par le peu d'habileté & d'adresse de son principal Ministre *, à répondre aux ouvertures faites pendant le siége de Lisle, par une personne des plus distinguées dans le parti des Alliés) une occasion & une correspondance si favorables, qu'elle auroit écarté quelques-uns des obstacles qu'elle trouvoit actuellement dans son chemin, en auroit prévenu d'autres, & se seroit procuré la paix.

Un équivalent pour le trente-septiéme Article des Préliminaires, c'est-à-dire, pour la cession de l'Espagne & des Indes Occidentales, étoit le point à discuter à Gertruydemberg. Les François se seroient contentés de Naples avec la Sicile, ou peut-être

* M. de Ch.

même de Naples avec la Sardaigne, ou du moins ils les auroient acceptées pour équivalent. Buys & Vanderdussen, qui traitoient avec eux, firent ce rapport aux Ministres des Alliés ; & ce fut à cette occasion que le Duc de Marlborough * prit la balle au bond, félicita l'Assemblée sur la paix visiblement prochaine ; & dit que puisque les François étoient dans cette disposition, il étoit tems de considérer quelles plus amples demandes on leur feroit, suivant la liberté que l'on s'étoit réservée dans les Préliminaires ; & exhorta tous les Ministres des Alliés à ajuster leurs diverses prétentions ultérieures, & à préparer leurs demandes. Ce procédé & ce qui s'ensuivit me rappelle en mémoire celui des Ro-

* Comme Buys me l'a dit lui-même.

mains à l'égard des Carthaginois. Les premiers étoient résolus à n'accorder aucune paix jusqu'à ce que Carthage fut détruite ; ils mirent cependant un Traité sur pied à la réquisition de leurs anciens ennemis, leur imposerent quelques conditions, & renvoyerent à leurs Généraux pour le reste : leurs Généraux suivirent la même méthode ; & en se reservant toujours un droit de faire des demandes ultérieures, ils réduisirent les Carthaginois au moins à la nécessité d'abandonner leur Ville, ou de continuer la guerre après avoir remis leurs armes, leurs machines & leur flotte dans l'espérance de la paix. Nous demandames à Gertruydemberg, sous prétexte d'assurer la cession de l'Espagne & des Indes Occidentales, que Louis XIV prît sur lui de détrôner son Petit-Fils dans l'espace de deux mois, & s'il ne le faisoit pendant ce tems, que nous eussions la liberté de recommencer la guerre, sans rendre les Places qui devoient nous être mises entre les mains suivant les préliminaires, & qui étoient les places les plus importantes que la France possédât du côté des Pays-Bas. La France vit le piége & résolut de s'exposer à tout plutôt que de s'y laisser prendre. Louis offrit d'abandonner son Petit-Fils, & s'il ne pouvoit l'engager à faire abdication, de fournir de l'argent aux Alliés, qui pourroient aux frais de la France le forcer à évacuer l'Espagne. La proposition faite par les Alliés avoit un air d'inhumanité, & le reste de l'Univers pouvoit être choqué de voir le Grand-Pere obligé de faire la guerre à son Petit-Fils. Mais Louis XIV avoit traité les hommes avec trop d'inhumanité dans le tems de sa prospérité, pour avoir aucune raison de se plaindre même de cette proposition. Véritablement son Peuple, qui a eu de tous tems beaucoup de partialité pour ses Rois, pouvoit être touché de son malheur ; c'est ce qui arriva en effet, & il y trouva son compte. Il auroit fallu que Philippe évacuât l'Espagne, à ce que je pense, malgré sa propre obstination, l'esprit de la Reine sa femme, & l'attachement constant des Espagnols, si son Grand-Pere l'avoit entrepris, & travaillé de bonne foi à l'y forcer. Mais si cet expédient étoit odieux, comme il l'étoit sans doute, pourquoi préférions-nous de continuer la guerre contre la France & l'Espagne, plutôt que d'accepter l'autre ? Pourquoi négligions-nous l'occasion de réduire efficacement & promptement la puissance exorbitante de la France, & de rendre la conquête de l'Espagne praticable, deux choses dont on auroit pû venir à bout, en acceptant l'expédient que la France offroit ; & par conséquent de remplir tous les objets de la guerre, au moins tous ceux que l'on pouvoit avouer. » La France (disoit-on) n'étoit pas » sincére ; elle ne se proposoit autre » chose que d'amuser & de diviser. Cette raison fut donnée en ce temslà, mais j'ai vû depuis quelques-uns de ceux qui la donnoient alors, honteux d'y insister. La France n'étoit pas alors en situation de jouer le rolle qu'elle avoit joué dans les Traités précédens, & sa misére n'étoit pas une mauvaise caution de sa sincérité en cette occasion; mais il y en avoit encore une meilleure. Les Places fortes qu'il auroit fallu qu'elle remît entre les mains des Alliés, l'auroient exposée, au moindre manque de foi, à voir non-seulement sa Frontiere, mais même les Provinces qu'elle couvre, désolées; & le Prince Eugene auroit pû avoir la satisfaction, que l'on dit (je ne sai s'il est vrai) qu'il désiroit, de marcher à Versailles la torche à la main.

Vous observerez, Monsieur, que les Conférences ayant fini comme elles finirent à Gertruydemberg, l'inflexibilité des Alliés donna une nouvelle vie & un nouveau courage aux

Nations Françoise & Espagnole, tout accablées & épuisées qu'elles étoient. Les Troupes des premiers étant retirées de l'Espagne, & les Espagnols abandonnés à se défendre eux-mêmes comme ils pourroient, eux seuls nous obligerent à nous retirer de Madrid, & nous défirent dans notre retraite. Mais, Monsieur, vous penserez peut-être comme moi, que si Louis XIV se fût lié par un Traité solemnel à abandonner son Petit-Fils, eût payé un subside pour le détrôner, & eût consenti à reconnoître un autre Roi d'Espagne, les Espagnols n'auroient pas fait éclater le même zéle pour Philippe ; les actions d'Almenara & de Saragoce auroient été décisives, & celles de Brihuega & de Villa-Viciosa ne seroient pas arrivées. Après tous ces événemens comment aucun homme raisonnable pouvoit-il s'attendre qu'on soutiendroit avec avantage en Espagne, une guerre à laquelle la Cour de Vienne n'avoit contribué en rien dès les commencemens *, que le Portugal faisoit foiblement, & ne fournissant pas son contingent, & à laquelle les Hollandois avoient en quelque sorte renoncé en négligeant de recrûter leurs Troupes ? Comment auroit-on pû placer Charles sur le Trône d'Espagne, ou au moins en chasser Philippe ? Par les succès des Armes des Confédérés de tous les autres côtés ? Mais quels succès suffisans à cet effet pouvions-nous espérer ? La meilleure maniere de répondre à cette ques-

* A peine donnoit-elle du pain à son Archiduc.

tion c'est de montrer quels furent en effet nos succès.

Le Portugal & la Savoye ne faisoient presque rien du vivant de l'Empereur Joseph, & déclarerent en forme, aussi-tôt qu'il fut mort, qu'ils ne feroient pas la guerre plus long-tems pour mettre la Couronne d'Espagne sur la tête de Charles, puisque ce seroit combattre contre le principe même pour lequel ils avoient combattu. Le Rhin étoit une scène d'inaction. Les seuls efforts qui devoient produire ce grand événement, de détrôner Philippe, étoient ceux que le Duc de Marlborough pouvoit faire ; il prit trois Villes en 1710, Aire, Bethune & S. Venant ; & une seule (Bouchain) en 1711. Or cette conquête étant en effet la seule que les Confédérés firent cette année, on peut dire proprement & véritablement que Bouchain couta à notre Nation fort près de sept millions de livres sterling; car je crois que vous trouverez, Monsieur, que la charge de la guerre pour cette année ne monta pas à moins. Il est vrai que le Duc de Marlborough avoit proposé un fort grand projet, suivant lequel on auroit pû faire des incursions en France durant l'hyver, ouvrir la Campagne prochaine de bonne heure de notre part, & obtenir divers autres grands & sensibles avantages; mais les Hollandois refuserent de contribuer à la dépense des barraques & du fourage, même moins que leur portion, (car la Reine avoit offert de prendre sur elle ce qu'il s'en faudroit), & dérangerent ainsi tout le projet par leur obſtination.

Nous fumes donc amuſés avec des plans chimériques, ſuivant leſquels on devoit dans un an ou deux au plus (c'eſt-à-dire après que l'on auroit pris encore une ou deux Villes) faire marcher toute notre Armée directement à Paris, ou au moins au cœur de la France. Mais étoit-ce un jeu ſi aiſé, ou ſi ſur? Les François s'attendoient que nous le tenterions ; leurs Généraux avoient viſité les divers poſtes qu'ils pouvoient prendre quand notre Armée entreroit en France, pour nous retarder, nous incommoder, nous reſſerrer dans notre marche, & même pour faire ferme, & nous donner une bataille déciſive. Je tiens ce que je dis ici d'une autorité inconteſtable, de perſonnes qui furent conſultées & employées à se préparer pour cette grande extrémité. Si nous eussions été battus, ou que nous eussions été forcés de nous retirer vers notre propre frontiere dans les Pays-Bas, après avoir pénétré en France, les espérances sur lesquelles nous prolongions la guerre auroient été renversées, & je pense que les plus suffisans se seroient repentis alors d'avoir refusé les offres faites à Gertruydemberg. Mais si nous eussions battu les François (car dans ces jours de gloire & de présomption, à peine étoit-il permis de supposer le contraire), toute la Monarchie d'Espagne auroit-elle été une capture actuelle & immanquable pour nous ? Je suppose, Monsieur, (& je suis bien fondé à le supposer) que les François se fussent résolus à défendre leur Pays pied à pied, & que Louis XIV se fût déterminé à se retirer avec sa Cour à Lyon ou ailleurs, & à disputer le passage de la Loire, quand il ne pourroit plus disputer celui de la Seine, plutôt que de se soumettre aux conditions qu'on lui imposoit : qu'aurions-nous fait en ce cas ? N'aurions-nous pas été obligés ou à accepter une paix telle que nous l'avions refusée, ou à prolonger la guerre jusqu'à ce que nous eussions conquis la France premierement, afin de conquerir ensuite l'Espagne ? Esperious-nous des révolutions en France ? Nous en avions espéré en Espagne ; & nous aurions également été les dupes de nos espérances dans un cas comme dans l'autre.

Je ne puis douter qu'il n'y eût des esprits disposés à s'élever contre le

Gouvernement de Louis XIV, dans sa propre Cour, ou pour mieux dire dans sa propre famille; que l'on n'y eût formé, & que l'on n'y formât d'étranges projets d'ambition particuliere; & quelques mouvemens de ces esprits inquiets lui causerent peut-être les plus grandes mortifications qu'il ait essuyées dans les derniers tems de son regne. Une légere preuve de cette disposition de certains esprits, sera tout ce que j'en citerai pour le présent. Je soupai en l'an 1715 dans une maison en France, où deux personnes de distinction * qui avoient été en grande compagnie ce soir-là, arriverent fort tard. La conversation tourna sur les événemens de la guerre précedente, & les négociations de la derniere paix.

*Les Ducs de la F. & de M.

Dans la suite de la conversation, l'un d'eux * se lâcha, & dit, en m'adressant la parole ; *vous auriez pu nous écraser dans ce tems-là ; pourquoi ne l'avez-vous pas fait ?* Je lui répondis froidement, *parceque dans ce tems-là, nous n'avons plus craint votre puissance.* Cette anecdote trop frivole pour l'Histoire, peut trouver sa place dans une lettre, & peut servir à confirmer ce que j'ai admis, qu'il y avoit des personnes même en France, qui s'attendoient de trouver leur compte particulier dans les calamités de leur patrie. Mais ces personnes étoient en petit nombre, entraînés par la chaleur de leur imagination, maitrisés par la fougue de leurs passions, plus entreprenans que capables, & plus grands

* M. de la F.

par leur nom que par leur crédit. En général les efforts de Louis XIV & les sacrifices qu'il offrit de faire en vue d'obtenir la paix, lui avoient attaché son peuple plus que jamais; & s'il avoit résolu de ne pas passer l'offre qu'il avoit faite à Gertruydemberg d'abandonner son Petit-Fils, la Nation Françoise ne l'auroit pas abandonné.

En un mot, & pour résumer ce que j'ai dit ou fait entendre, voici toutes les conséquences qui devoient résulter de la prolongation de la guerre dans la vue de détrôner Philippe, depuis l'année 1711 inclusivement: notre dessein de pénétrer en France auroit pu échouer & nous devenir fatal par un revers de fortune; nos premiers succès n'auroient peut-être pas obligé les

François à se soumettre, & nous aurions pû avoir la France à conquérir, après avoir échoué en notre premiere tentative pour conquérir l'Espagne, & même en vue de procéder à une seconde ; les François auroient pû se soumettre & non les Espagnols ; & pendant que les premiers auroient été employés à soumettre les derniers, suivant le plan des Alliés, ou supposant que les derniers se fussent également soumis, pendant que Philippe auroit évacué l'Espagne, les hauts Alliés auroient pû en venir aux prises entre eux, pour partager les dépouilles, & pour disposer de la Couronne d'Espagne. Voilà à quels termes on avoit amené les choses en prolongeant la guerre ; en refusant de faire la paix sur les principes de la grande Alliance

(au pis aller) en 1706 ; & en refufant de l'accorder même fur ceux du nouveau plan en 1710. Nous avions devant nous en perfpective des événemens contingens tels que je viens de dire, la fin de la guerre étoit éloignée de la portée de notre vue, & ceux qui en demandoient la continuation, plutôt par des clameurs que par des raifonnemens, fe contentoient d'affurer que la France n'étoit pas réduite affez bas, & que l'on ne devoit faire aucune paix, tant qu'un Prince de la Maifon de Bourbon refteroit fur le Trône d'Efpagne. Il étoit impoffible de deviner quand ils jugeroient la France affez réduite ? S'ils prétendoient unir les Couronnes Impériale & Efpagnole fur la tête de Charles, qui avoit déclaré fa réfolution irrévocable de continuer la guerre jufqu'à ce qu'on eût obtenu les conditions fur lefquelles on avoit infifté à Gertruydemberg ? S'ils prétendoient donner l'Efpagne & les Indes à quelque autre Prince ; & comment ce grand bouleverfement de leur propre plan s'executeroit d'un commun confentement ? Comment on mettroit Charles ou tout autre Prince en poffeffion nonfeulement de l'Efpagne, mais encore de tous les Domaines des Efpagnols hors de l'Europe, ou l'attachement à Philippe étoit au moins auffi fort qu'en Caftille, & où il ne feroit pas fi aifé (vû la diftance & l'étendue de ces Domaines) d'obliger les Efpagnols à fe foumettre à un autre Gouvernement ? Ces points & plufieurs autres qu'il étoit également néceffaire de déterminer, & difficile d'arranger, n'étoient ni déterminés, ni arrangés; de sorte que nous étions réduits à faire la guerre depuis la mort de l'Empereur Joseph, sans aucun plan positif, agréé par les Alliés comme la base de la paix future. Celui de la grande Alliance, il y avoit long-tems que nous y avions renoncé : celui du nouveau systême ne pouvoit plus nous convenir, & quand nous l'aurions jugé convenable, il étoit devenu impraticable à cause de la division qu'il auroit produite entre les Alliés mêmes, dont plusieurs, malgré la résolution irrévocable de l'Empereur, n'auroient pas consenti qu'il fût Roi d'Espagne. Je ne sai quel parti s'étoient proposé dans la profondeur de leur politique, ceux qui prolongeoient la guerre. Notre Nation avoit si long-tems contribué par leur conseil & agi sous leur direction pour la grandeur de la Maison d'Autriche, comme un des Royaumes héréditaires envahis par cette Famille, qu'il seroit permis de croire que leur intention pouvoit être de réunir les Couronnes Impériale & Espagnole : mais je crois plutôt qu'ils n'avoient pas d'objet bien déterminé, excepté celui de prolonger la guerre le plus long-tems qu'ils pourroient. Le feu Lord Oxford m'a dit que Mylord Somers étant pressé (je ne sai en quelle occasion, ni par qui) sur l'inutile & ruineuse prolongation de la guerre ; au lieu d'apporter des raisons pour en montrer la nécessité, se contenta de répondre qu'il avoit été élevé dans la haine de la France. C'étoit une étrange réponse pour un homme sage, & cependant je ne sais s'il auroit pû en donner une meilleure alors, ou si aucun de ses Eleves en pourroit donner une meilleure aujourd'hui.

Le parti des Whigs en général s'acquit tout-à-fait & avec justice la faveur du Peuple sous le Régne de notre Charles II, par le cri qu'ils jetterent contre la conduite de ce Prince dans les affaires étrangeres. Ceux qui succéderent au nom plutôt qu'aux principes de ce parti après la révolution, & qui depuis ont toujours eu l'administration du Gouvernement entre les mains, avec très-peu d'interruption, prétendant agir sur le même principe se sont jettés dans une extrémité aussi vicieuse & aussi contraire à toutes les régles de la bonne politique, que celle contre laquelle leurs prédécesseurs avoient tant crié. Les anciens Whigs se plaignoient de l'indigne figure que nous faisions, pendant que notre Cour étoit la dupe, & notre Roi le Pensionaire de la France, & pressoient pour que l'on s'opposât à tems aux progrès de l'ambition & de la puissance de Louis XIV. Les Whigs modernes se vantoient & se vantent encore de la glorieuse figure que nous faisions, tandis que nous nous réduisions nous-mêmes par leurs conseils, & sous leur administration à être les dupes de nos Pensionaires, c'est-à-dire, de nos Alliés, & tandis que nous mesurions nos efforts dans la guerre & leur continuation, non sur les intérêts de notre propre Pays, ni sur ses facultés, non sur ces justes &

sages égards au syſtême général de l'Europe, que doit avoir celui qui contemple les objets dans leur vrai jour, & les voit dans leur vraie grandeur, mais uniquement ſur des intérêts particuliers, tant au dedans qu'au dehors. Je dis au dedans & au dehors, parce qu'il eſt certain qu'ils n'ont pas moins ſacrifié les richeſſes de leur Patrie à former & entretenir un parti au dedans, qu'à former & entretenir (beaucoup au-delà de tout prétexte de néceſſité) des Alliances au dehors. Ces propoſitions générales peuvent aiſément être juſtifiées ſans avoir recours aux anecdotes particulieres, comme vous reconnoîtrez, Monſieur, quand vous conſidérerez toute la ſuite de notre conduite dans les deux guerres, dont l'une précéda, & l'autre ſuivit immédiatement le commencement de ce siécle, mais sur-tout dans la derniere des deux.

Les Ministéres qui précédérent la Révolution avoient fait fleurir le Commerce & enrichi notre Nation, mais ils avoient trop négligé l'intérêt général de l'Europe, & il s'en étoit fallu fort peu, qu'ils n'établiffent l'esclavage parmi nous fous l'ombre des prérogatives. Les Ministéres qui font venus enfuite, ont perpétuellement accumulé taxes fur taxes, dettes fur dettes, jufqu'à ce qu'un petit nombre de familles foit parvenu à des richeffes immenfes. & que la Nation ait été ruinée fous les fpécieux prétextes de foutenir la Caufe commune contre la France, de réduire fa puiffance exorbitante, & de pefer celle de l'Europe avec plus d'équité dans la balance publique : louables desseins, sans doute, en tant qu'ils ont été réels, mais qui étant convertis en de simples prétextes ont engendré beaucoup de maux. Entre ces maux, il y en a que nous ressentons depuis long-tems, & d'autres étendront leurs conséquences jusques sur notre derniere postérité. Le régne des prérogatives fut court, & les maux & les dangers auxquels il nous exposa finirent avec lui. Mais le régne de la politique fausse & prodigue a duré long-tems, il dure encore & rendra à la fin notre ruine complette. La pauvreté a été la conséquence de l'esclavage en quelques Pays : l'esclavage sera probablement la conséquence de la pauvreté dans le nôtre;& si cela arrive, nous savons à qui jetter la pierre. Si nous avions terminé la guerre en 1706, nous aurions concilié, comme un Peuple sage, nos intérêts étrangers & domestiques, autant qu'il étoit possible; nous aurions suffisamment assuré les premiers, & nous n'aurions pas sacrifié les derniers aussi absolument que nous le fimes par la prolongation de la guerre après cette époque. Il ne vous sera pas possible de voir sans étonnement combien ce lourd fardeau s'appésantit sur nous d'année en année, ni quelles sommes immenses nous payames dans le cours de la guerre pour suppléer au défaut de nos Confédérés. Votre étonnement & en même tems votre indignation augmentera quand vous viendrez à comparer les progrès que nous fimes depuis l'an 1706 exclusivement jusqu'à l'an 1711, avec la dépense de plus de trente millions (*de livres sterling*) que ces progrès nous couterent *. A cette vue vous serez persuadé, Monsieur, qu'il étoit bien tems de prendre la résolution de faire la paix, lorsque la Reine jugea à propos de changer son Ministere vers la fin de l'année 1710. Il étoit bien tems en effet de sauver notre Patrie de l'insolvabilité totale, & de la banqueroute, en mettant fin à un plan de conduite qui n'étoit soutenu que par les préjugés d'un parti, le caprice de quelques particuliers, l'intérêt personnel de plusieurs, & l'ambition & l'avarice de nos Alliés qui par les Préliminaires de 1709, avoient été pour ainsi dire invités à

---

* Je n'exagere point, quoique j'écrive de mémoire.

piller à qui mieux mieux. Les personnes donc qui furent mises en place alors, entendirent aux premieres ouvertures qui leur furent faites, & ils eurent raison d'en user ainsi. La disposition de leurs ennemis les invitoit à le faire, mais celle de leurs amis, & celle d'un parti domestique qui avoit fomenté la guerre & s'en étoit nourri, auroit pu les en détourner ; car aucun d'eux ne pouvoit manquer de voir les difficultés & les dangers auxquels ils seroient obligés de s'exposer, pour avancer ce grand ouvrage. Dans une lettre à un ami, qu'il me soit permis de dire que je ne m'aveuglai point sur cela, & que je prévis comme des événemens contingens, mais assez probables, une bonne partie de ce qui m'est arrivé depuis. Quoique ce fût donc un devoir, dont nous étions tenus envers notre Patrie, de la délivrer de l'embarras de porter plus long-tems une charge si disproportionnée dans une guerre si peu nécessaire ; il y avoit cependant quelque sorte de mérite à s'en acquiter. Je pense si fermement de cette maniere, Monsieur, je suis si incorrigible, que si j'étois aujourd'hui replacé dans les mêmes circonstances, je prendrois la même résolution, & ferois le même personnage ; l'âge & l'expérience pourroient me rendre capable de le faire avec plus d'intelligence & de dextérité, mais le souvenir de tout ce que j'ai souffert depuis la mort de la Reine, ne m'empêcheroit pas d'agir toujours de la même façon.

- Malorɓ

Malgré cela, je ne serai pas surpris si vous pensez que la paix d'Utrecht ne répondit pas aux succès de la guerre, ni aux efforts que l'on avoit faits. C'est aussi mon sentiment ; & dans le tems même que cette paix fut traitée & qu'elle fut conclue, j'ai toujours avoué que je pensois ainsi. Puisque nous avions commis une heureuse folie, nous aurions dû en retirer plus de fruit que nous n'en retirames ; & soit que nous eussions laissé Philippe, ou placé un autre Prince sur le Trône d'Espagne, nous aurions dû réduire la puissance de la France, & fortifier ses voisins beaucoup plus que nous ne fimes. Nous aurions dû réduire sa puissance pour les générations à venir, & ne nous pas contenter d'une réduction momentanée. La France étoit épuisée au dernier point d'hommes & d'argent; & son gouvernement avoit perdu tout crédit. Mais ceux qui prirent cela pour une réduction suffisante de sa puissance, ne voyoient guères loin devant eux, & raisonnoient trop superficiellement. Il y en avoit cependant beaucoup, car comme on dit qu'il n'y a point d'extravagance, que quelque Philosophe n'ait soutenue, aussi votre expérience (tout jeune que vous êtes) doit vous avoir montré qu'il n'y a point d'extrémité si absurde, dans laquelle nos Politiques à cabales de la Grande-Bretagne ne soient sujets à tomber, par rapport à l'état & à la conduite des affaires. Mais si la France étoit épuisée, aussi l'étions-nous & les Hollandois aussi. La famine avoit rendu sa condition beaucoup plus déplorable que la nôtre, pour un tems, non seulement en apparence, mais même en réalité. Cet accident avoit défolé les François & refroidi Louis XIV au dernier point; mais dès qu'il fut passé avec ses conséquences prochaines, il parut manifestement (quoique peu de gens fissent cette observation) que pendant que nous étions hors d'état de lever en un an (au moins à cinq millions près) les dépenses de l'année courante, les François étoient en volonté & en état de porter l'imposition du Dixiéme, outre & par-dessus toutes les taxes dont ils étoient chargés. Cette observation fut pesée avec toute l'attention qu'elle méritoit; & assurément elle en méritoit bien quelqu'une de la part de ceux qui la firent au tems dont nous parlons, & qui ne croyoient pas qu'il fallût continuer la guerre auſſi long-tems, que l'on pourroit engager un Parlement à accorder de l'argent. Mais ſuppoſant qu'elle n'eût mérité aucune attention, ſuppoſant que la puiſſance de la France fût réduite ſi bas qu'il vous plaira par rapport à ſon état intérieur, j'aſſurerai toujours qu'une telle réduction ne pouvoit être permanente, & par conſéquent qu'elle n'étoit pas ſuffiſante. Quiconque connoît la nature de ſon Gouvernement, le caractere de ſon peuple, & les avantages naturels qu'elle a dans le commerce ſur toutes les Nations qui l'environnent, ſait qu'un Gouvernement deſpotique & la docilité de ſon peuple, la rendent capable en des occaſions particulieres, de se débarasser d'un fardeau de dettes beaucoup plus aisément & avec des conséquences beaucoup moins à craindre, qu'aucun de ses voisins ne le sauroit faire ; que quoique dans le cours ordinaire des choses, le commerce soit gêné & l'industrie vexée par un gouvernement arbitraire, cependant ni l'un ni l'autre n'est opprimé ; enfin que tels sont le caractere du peuple & les avantages naturels du pays, qu'à quelque degré que puisse être sa misere en aucun tems, vingt ans de tranquillité suffisent pour rétablir ses affaires, & l'enrichir de nouveau aux dépens de toutes les Nations de l'Europe. Si quelqu'un doute de cela, qu'il considére l'état dans lequel le Royaume fut laissé par Louis XIV, la maniere étrange dont le feu Duc d'Orleans se joua durant sa Régence & son administration, de tout le systême des revenus publics & des fortunes particulieres; & alors qu'il se dise à lui-même que les revenus de la France, le Dixiéme supprimé, excedent déja toutes les dépenses de son gouvernement de plusieurs millions de livres, & les excéderont de beaucoup davantage dans une autre année; en un mot, Monsieur, l'état d'humiliation & d'épuisement auquel la France fut réduite par la derniere guerre, n'étoit qu'une réduction momentanée de sa puissance; & quelque réduction réelle & plus durable que le Traité d'Utrecht y ait faite en quelques points, elle n'étoit pas suffisante.

La puissance de la France n'auroit pas paru si grande qu'elle parut, quand l'Angleterre & la Hollande s'armerent & armerent toute l'Allemagne contre elle, si elle avoit été aussi exposée aux invasions de ses Ennemis, que ses Ennemis l'étoient aux siennes. Sa force intérieure étoit grande ; mais ce qui l'a rendue si formidable, c'est la force de ses frontieres que Louis XIV. employa près de quarante ans à fortifier, tous ses voisins tour à tour ayant eu la folie de le laisser faire. La vraie réduction de la puissance exorbitante de la France (je ne m'arrête point à des projets chimériques de changer son Gouvernement), consistoit donc à découvrir ses frontieres & à fortifier les barrieres contre elles, par la cession & la démolition d'un plus grand nombre de Places qu'elle n'en céda à Utrecht ; mais non pas d'un plus grand nombre qu'elle n'auroit pû être obligée d'en sacrifier, pour son soulagement présent, à la sureté future de ses voisins. Si elle ne fut pas obligée à faire ces sacrifices, j'ose assurer qu'elle n'en fut redevable qu'à ceux qui s'opposoient à la paix : & je consens volontiers, Monsieur, à compromettre devant vous là-dessus mon honneur & tout le mérite d'une cause qui a été tant débattue.

Je dis une cause qui a été tant débattue, parce qu'en vérité je crois que l'on ne doute plus nulle part, si ce n'est dans les feuilles périodiques de Londres, si ce fut la conduite de ceux qui ne refuserent point de traiter (comme on avoit fait en 1706) ni ne prétendirent traiter sans envie de conclure (comme on avoit fait en 1709 & 1710), mais qui avancerent le grand ouvrage de la paix vers fa confommation; ou la conduite de ceux qui s'oppoferent à ce grand ouvrage à chaque pas qu'il faifoit, qui fauva la puiffance de la France d'une plus grande & plus fuffifante réduction au Traité d'U-trecht ? Les Miniftres mêmes qui furent employés à pourfuivre cette fatale oppofition, font obligés d'avouer cette vérité. Comment la contefteroient-ils ? Ceux de Vienne peuvent fe plaindre que l'Empereur n'ait pas eu la Monarchie d'Efpagne entiere, ou ceux d'Hollande que les Etats n'ayent pas été rendus les maîtres directement & indirectement de tous les Pays-Bas. Mais ni eux, ni aucun autre qui ait quelque fentiment de pudeur, ne sauroit nier que la fete Reine, quoiqu'elle fût résolue à traiter, parcequ'elle étoit résolue à finir la guerre, n'eût cependant une extrême envie de traiter dans une parfaite union avec ses Alliés, & de leur procurer à tous les conditions raisonnables qu'ils pouvoient espérer, & beaucoup meilleures que celles qu'eux-mêmes se réduisirent dans la nécessité d'accepter, en s'efforçant de lui arracher la négociation des mains. La désunion des Alliés donna à la France des avantages dont elle profita. La seule question est de sçavoir qui fut la cause de cette désunion ? Et tout homme impartial qui s'informera soigneusement des faits publics de ce tems, décidera aisément la question. Si l'on pouvoit dévoiler également les anecdotes particulieres (& je pense qu'il est presque tems de le faire), toute la scène monstrueuse paroîtroit à découvert & choqueroit la vue de tout homme d'honneur. Je ne prétends pas entrer dans de plus grands détails aujourd'hui ; mais si-tôt que, ou moi ou tout autre personne aussi-bien informée que moi, voudrons descendre en une exposition complette de ces détails, il deviendra incontestablement évident, que la plus violente opposition que l'on puisse imaginer, fut formée par les Allemands & les Hollandois ligués avec un Parti dans la Grande-Bretagne, aussi-tôt que les premieres ouvertures furent faites à la Reine, avant qu'elle eût seulement commencé à traiter ; & fut par conséquent une opposition non à tel ou tel plan de Traité, mais en effet à tout Traité quelconque, & particuliérement à un Traité où la Grande-Bretagne tínt les Guides, & dût avoir quelque avantage particulier.

Une preuve que les Impériaux ne vouloient entendre à aucun Traité, à moins qu'on n'y fît entrer la condition préliminaire & impraticable de mettre la Couronne d'Espagne sur la tête de l'Empereur, c'est que le Prince Eugene, quand il vint en Angleterre long-tems après la mort de Joseph & & l'élévation de Charles VI, pour un message tout-à-fait indigne d'un si grand homme, traita toujours sur cette supposition ; & je me souviens avec qu'elle impatience intérieure j'assistai aux Conférences qui se tinrent avec lui, au sujet des Contingens pour recommencer la guerre en Espagne, dans cette même Chambre, dans ce Champs clos, où peu auparavant il avoit été dit en termes clairs aux Ministres de la Reine par l'un des autres Alliés, » que leurs Maîtres ne » consentiroient point que la Cou- » ronne Impériale & celle d'Espagne » fussent mises sur la même tête. Une preuve que les Hollandois n'étoient pas opposés à tout Traité en général, mais qu'ils n'en vouloient aucun, où la Grande-Bretagne dût avoir quelque avantage particulier, c'est que leur Ministre déclara qu'il étoit prêt & autorisé à faire cesser l'opposition qui avoit été formée aux desseins de la Reine, en présentant un Mémoire dans lequel il déclareroit, » Que ses » Maîtres entroient dans les vûes de

» Sa Majesté, & étoient résolus à ne
» point continuer la guerre, pour le
» recouvrement de l'Espagne, pourvû
» que la Reine consentît qu'ils mis-
» sent garnison dans Gibraltar, &
» Port-Mahon, conjointement avec
» nous, & qu'ils partageassent égale-
» ment l'Assiento, le Vaisseau de la
» Mer du Sud, & généralement tout
» ce qui seroit accordé par les Espa-
» gnoles à la Reine & à ses Sujets.
Une preuve que les Whigs s'engagerent dans cette Ligue avec des Puissances étrangeres, aussi-bien contre
leur Patrie que contre leur Reine, &
avec une phrénésie plus inconcevable
que celle qui produisit & qui maintînt
autrefois la fameuse Ligue & le *convenant*, c'est que leurs entreprises n'a-
voient pas seulement pour objet d'ar-

racher les Négociations des mains de la Reine, mais encore d'obliger leur Patrie à continuer la guerre sur le même pied d'inégalité, qui lui avoit déja couté environ vingt millions (*de livres sterling*) de plus qu'elle n'auroit dû y contribuer; car ils ne continuerent pas seulement à favoriser l'Empereur, que l'on avouoit qui étoit hors d'état de fournir son contingent, mais aussi les Hollandois, après que les Etats eurent refusé de ratifier le Traité que leur Ministre avoit signé à Londres vers la fin de l'an 1711, & par lequel la Reine s'unissoit avec eux plus étroitement que jamais, s'engageant à poursuivre la guerre, à conclure la paix & à la garantir conjointement avec eux lorsqu'elle seroit concluë, pourvû qu'ils gardassent

» les engagemens qu'ils avoient pris
» avec elle, & les conditions de la
» dépense proportionnelle sur lesquel-
» les notre Nation s'étoit engagée
» dans la guerre «.

Voilà sur quel plan fut formée l'opposition au Traité d'Utrecht : les moyens que l'on y employoit, & ceux que l'on projettoit d'y employer, étoient dignes de ce plan : défiance ouverte, directe & indécente de l'autorité légitime; conspirations secrettes contre l'Etat, & vils complots contre des particuliers, qui n'avoient d'autre crime que celui de travailler sous l'autorité de la Reine, à finir une guerre qu'un parti formé dans le sein de la Nation travailloit à prolonger contre son autorité. Quand il auroit été douteux si c'étoit une bonne politique

litique de mettre fin à la guerre, il étoit certainement aussi permis à ceux qui la croyoient bonne de la conseiller, qu'il pouvoit l'être à ceux qui la croyoient mauvaise de conseiller le contraire, & la décision du Souverain sur son Trône auroit dû terminer la contestation. Mais ceux qui auroient jugé alors sur les apparences d'un certain côté, auroient été induits à croire que c'étoit la même chose de terminer la guerre ou d'abroger la grande Charte; que la Reine Regnante n'avoit pas le droit de gouverner indépendamment de son Successeur; & qu'aucuns des ses Sujets n'avoient le droit d'administrer le Gouvernement sous elle, quoique choisis par elle, excepté ceux qu'elle avoit jugé à propos d'en écarter. Quelque extravagans que soient ces principes, nul autre ne sauroit justifier la conduite que tinrent dans ce tems-là ceux qui s'opposoient à la paix ; & comme je disois tout à l'heure que la phrénesie de cette ligue étoit plus inconcevable que celle de la fameuse Ligue & du *Covenant*, j'aurois pu ajouter qu'elle n'étoit guères moins criminelle. Quelques-uns de ceux qui après la mort de la Reine, ont imputé à ses Ministres des trahisons imaginaires, avoient été coupables durant sa vie de trahisons réelles ; & je ne puis mieux comparer la folie & la violence de l'esprit qui se répandit alors, soit avant la conclusion de la paix, soit après, sous prétexte de danger pour la succession, qu'à la folie & la violence de l'esprit qui saisit les Torys aussi-tôt après l'élevation de Georges I. Il est vrai que ces derniers, qui furent poussés à bout par une injuste & imprudente persécution, éclaterent en une rébellion ouverte; mais les premiers auroient bien pu faire la même chose, si la Reine eut vécu un peu plus long-tems.

Je reviens à mon objet. L'attachement opiniâtre des Hollandois à cette ligue d'opposition à la Reine, fit que les conférences d'Utrecht, lorsqu'elles s'ouvrirent, ressembloient assez à des conférences burlesques. Si ceux qui gouvernoient cette République, avoient été assez sages & assez honnêtes gens, pour s'unir au moins alors cordialement avec la Reine, & agir de concert avec elle dans le Congrès, puisqu'ils ne pouvoient l'empêcher; nous aurions encore été à tems pour maintenir une union suffisante entre les Alliés, & une supériorité suffisante sur les François. On n'auroit pas obtenu toutes les demandes spécifiques que firent la plupart des Alliés, & les Hollandois même, soit pour accrocher la négociation, ou pour garder certains points en réserve, afin de s'en départir avec avantage dans le cours de la négociation, suivant l'artifice usité en semblables occasions ; mais on auroit obtenu toutes les demandes essentielles, & en particulier toutes celles qui étoient réellement nécessaires pour la barriere des Pays-Bas & des quatre Cercles contre la France. Car il auroit fallu dans ce cas que la France continuât à supplier pour la paix, plutôt qu'à la traiter sur un pied égal. Le premier Dauphin Fils de Louis XIV mourut quelques mois avant le commencement du Congrès: le second Dauphin son Petit-Fils, & la Femme & le Fils aîné de ce Prince moururent de la même maladie inconnue, peu de tems après le Congrès commencé, & furent inhumés ensemble dans le même tombeau. Ces infortunes domestiques, succédant à une longue suite d'infortunes nationales, donnoient au vieux Roi (quoiqu'il les supportât avec beaucoup de magnanimité, au moins en apparence) une extrême envie de se débarasser de la guerre à toutes conditions tolerarables, afin de ne pas courir le risque de laisser un tel fardeau à un enfant âgé de cinq ans (le Roi d'aujourd'huy).

La Reine fit tout ce qui étoit moralement possible pour procurer cette union avec les Etats-Généraux (excepté de négliger son honneur dans la négociation, & les intérêts de ses Sujets dans les conditions de la paix). Mais tout ce qu'elle put faire fut inutile, & la même phrénésie qui avoit empêché les Hollandois de faire servir à leur avantage, & à l'avantage commun les infortunes publiques de la France, les empêcha de faire servir aux mêmes fins les infortunes particulieres de la Maison de Bourbon. Ils continuerent à se flatter qu'ils romproient les mesures de la Reine par leurs intrigues, avec le parti existant dans la Grande-Bretagne qui s'opposoit à ces mesures, & même qu'ils exciteroient un soulevement contre elle. Mais ces intrigues & celles du Prince

Eugene furent connues & déconcertées, & M. Buys (quand il vint prendre congé des Seigneurs du Conseil) eut la mortification d'en recevoir des reproches publics, de la bouche du Comte d'Oxford qui entra dans le détail de plusieurs points que l'on ne pouvoit lui nier, & de diverses anecdotes particulieres de cette espéce, ausquels M. Buys avoit eu part, quoique je sois persuadé qu'il l'avoit fait uniquement pour se conformer à ses instructions, & tout-à-fait contre son propre sentiment & ses inclinations. Comme la saison d'entrer en Campagne approchoit, la Ligue se proposa de traverser le succès du Congrès par les événemens de la Campagne ; mais les événemens de la Campagne, au lieu de traverser le succès du Congrès, ne fervirent qu'à le tourner en faveur de la France. Au commencement de l'année, la Reine & les Etats de concert auroient pû donner la loi aux amis & aux ennemis, avec beaucoup d'avantage pour les premiers, & avec autant de dommage pour les derniers, qu'il y avoit de nécessité, de justice & de facilité à les abaisser, vû les objets de la guerre, ses causes & ses événemens. A la fin de l'année, les Alliés ne furent plus en situation de donner la loi, ni les François de la recevoir; & les Hollandois eurent recours aux bons offices de la Reine quand ils ne purent plus la contrarier, ni n'oserent l'insulter d'avantage; alors même ces bons offices furent employés pour eux avec zéle, & non sans quelque effet.

Ainsi la guerre finit beaucoup plus favorablement pour la France qu'elle ne l'espéroit, ou que ceux qui y mirent fin ne se le proposoient. La Reine auroit voulu humilier & affoiblir cette Puissance : les Alliés qui la contrarioient, auroient voulu l'écraser, & en élever sur ses ruines une autre non moins exorbitante ; ni les uns ni les autres ne réussirent, & ceux même qui se proposoient de ruiner la puissance de la France la conserverent, en s'opposant à ceux qui se proposoient de l'abaisser.

Puisque j'ai parlé des événemens de l'année 1712, & du tour décisif qu'ils donnerent aux Négociations en faveur de la France, permettez-moi d'ajouter encore quelque chose sur ce sujet : vous trouverez que je le ferai avec beaucoup d'impartialité. Les fâcheux événemens de cette Campagne dans les Pays-Bas, & leurs conséquences ont été imputées à la séparation des Troupes de la Grande-Bretagne, de l'Armée des Alliés. Il s'éleva un grand cri contre cette démarche en ce tems-là, & les préjugés que ce cri produisit, sont encore très-forts dans l'esprit de beaucoup de personnes. Mais comme ce cri enfanta ces préjugés, d'autres préjugés avoient donné naissance à ce cri; & il n'est pas étonnant qu'ils ayent produit un tel effet sur des gens obstinés à continuer la guerre, puisque j'avoue franchement que je fus moi-même & surpris & choqué, quand le premier pas qui conduisoit à cette séparation vint à ma connoissance, ce qui (pour le dire en passant) ne fut pas une heure avant que j'écrivisse par ordre de la Reine au Duc d'Ormond » qu'il » ne s'engageroit à aucun Siége, ni » ne donneroit Bataille jusqu'à nouvel » ordre. Ce sont les propres termes dans lesquels cet ordre étoit conçu & dans lesquels il fut rendu. Si j'avois eu occasion de parler en particulier à la Reine, après avoir reçu la Lettre que M. de Torcy m'écrivit à ce sujet, & avant qu'elle entrât au Conseil, je pense que dans le premier mouvement je lui aurois parlé fortement contre une telle démarche. La vérité est néanmoins que cette démarche pouvoit se justifier en cette conjoncture à tous égards, & partant que les conséquences qui en ont résulté, doivent être mises sur le compte de ceux qui se les attirerent eux-mêmes, & non sur le compte de la Reine, ni du Ministre qui la conseilla.

Cette démarche pouvoit se justifier à l'égard des Alliés sûrement, puisque la Reine en la faisant ne prit pas plus sur elle, ni pas même tant à beaucoup près, que plusieurs d'entre eux avoient fait, en suspendant, hazardant & déconcertant les opérations dans la chaleur de la guerre, lorsque sur les plus frivoles prétextes, ils s'excusoient d'envoyer leurs Troupes, ou qu'ils en retardoient la marche, ou négligeoient les préparatifs qu'ils étoient obligés de faire. Vous trouverez, Monsieur, dans le cours de vos recherches plusieurs exemples particuliers de ce que je me contente d'indiquer ici en général. Mais je ne puis m'empêcher d'en citer quelque peu de ceux qui regardent l'Empereur & les Etats - Généraux, qui crierent le plus haut & avec le plus d'effet, quoiqu'ils euſſent le moins de raiſon, par rapport à leur propre conduite, de ſe plaindre de celle de la Reine.

De quel front l'Empereur, par exemple, oſoit-il ſe plaindre des ordres envoyés au Duc d'Ormond? Je ne dis rien de ſes manquemens, qui étoient ſi grands que dans ce tems-là même il n'avoit guères plus d'un Régiment que l'on pût dire proprement qui agît contre la France & l'Eſpagne à ſa ſeule charge (comme je le ſoutins au Prince Eugene devant les Seigneurs du Conſeil, & le démontrai le jour ſuivant, papiers ſur table); je ne dis rien de tout ce qui précéda l'an 1707, ſur quoi j'aurois beaucoup

coup de choses à dire. Mais je vous prie seulement, Monsieur, de considérer ce que vous trouverez qui se passa après la fameuse année 1706. Fut-ce avec l'approbation de la Reine ou contre son gré, que l'Empereur fit le Traité pour l'évacuation de la Lombardie, & laissa à un si grand nombre de Régimens François assez de tems pour se recrûter chez eux, pour marcher en Espagne, & pour tailler en piéces les Troupes Britanniques à Almanza? Fut-ce avec son approbation, ou contre son gré, qu'au lieu d'employer toutes ses forces, & tous ses soins pour faire réussir l'entreprise sur Toulon, le plus grand dessein de toute la guerre, il détacha douze mille hommes pour soumettre le Royaume de Naples qu'il auroit bien fallu qui tombât de lui-même, & que l'occasion de détruire toute la puissance maritime de la France, & de ruiner ou de subjuguer ses Provinces de ce côté-là, fut perdue uniquement par cette diversion peu nécessaire, & par cette conduite si foible & si lente, qu'elle laisse au moins en doute, qui du Duc de Savoye ou du Prince Eugene, contribua le plus à ce fatal échec?

Tournez vos yeux, Monsieur, sur la conduite des Etats, & vous trouverez des raisons d'être étonné de l'arrogance de ceux qui étoient dans ce tems-là à la tête des affaires, & qui osoient crier contre la Reine de la Grande-Bretagne, parcequ'elle faisoit ce que leurs députés avoient fait

plus d'une fois dans ce même Pays ; & dans le cours de cette même guerre. En l'an 1712, tout à la fin d'une guerrre, lorsque les conférences pour traiter de la paix étoient ouvertes, que le moindre événement siniſtre en campagne auroit fait perdre de cette ſupériorité que les Alliés avoient dans le Congrès, & que les précédens succès de la guerre leur avoient déja donné autant de cette ſupériorité qu'il leur en falloit pour obtenir une paix ſûre, avantageuſe, honorable & ſolide, la Reine manda à ſon Général de ſuſpendre juſqu'à nouvel ordre les opérations de ſes Troupes. En 1703, au commencement d'une guerre, lorſqu'il falloit riſquer quelque choſe ou n'eſperer aucun ſuccès, & que la mauvaiſe

vaise situation des affaires en Allemagne & en Italie, requéroit d'une maniere particuliere que l'on fît des efforts dans les Pays-Bas, & que la guerre ne languît pas là, tandis qu'elle étoit malheureuse partout ailleurs ; le Duc de Marlborough résolut d'attaquer les Francois, mais les Députés Hollandois ne voulurent pas souffrir que leurs Troupes marchassent, déconcerterent son projet au moment même de l'exécution (si je m'en souviens bien), & ne donnerent nulle autre raison de leur procédé que, ce qui est une raison contre toute bataille, la possibilité d'être battu. On appuya, je le sais, sur la circonstance de la proximité de leurs frontieres, & on dit que si l'on perdoit la bataille, leurs Provinces seroient exposées aux incurſions des François. Mais outre les autres réponſes que l'on pourroit faire à ce vain prétexte, il ſautoit aux yeux qu'ils avoient riſqué des batailles auſſi près de chez eux, que celle-ci auroit pû être donnée, & que le moyen de repouſſer l'ennemi plus loin, c'étoit une action, & non l'inaction. Après tout, les Députés Hollandois arrêterent en ce tems-là les progrès de l'Armée des Confédérés, en exerçant une autorité arbitraire & indépendante ſur les Troupes des Etats. En 1705, lorſque le ſuccès des Campagnes précédentes auroient dû leur donner une confiance entiere en la conduite du Duc de Marlborough, lorſque retournant de la Moſelle aux Pays Bas, il commença en forçant les lignes des François, à ſe relever lui & la cauſe commune de l'échec que la pique & la jalousie du Prince de Bade, ou la lenteur & la négligence ordinaire des Allemands, avoient occasionné immédiatement auparavant ; lorsqu'il étoit en train de poursuivre cet avantage, & qu'il marchoit pour attaquer un ennemi demi défait & plus que demi découragé ; que dis-je, lorsqu'il avoit fait les dispositions pour attaquer, & qu'une partie de ses Troupes avoit passé la Dyle, les Députés des Etats lui lierent encore une fois les mains, lui firent perdre une occasion trop belle pour la laisser échapper (car ce sont, il me semble, quelques-unes des expressions de sa plainte), & enfin la Confédération reçut au moins un affront, là où elle auroit pu remporter une victoire.

Ce que l'on vient de dire peut servir d'un échantillon de l'indépendance par rapport à la Reine, à ses Conseils, & à ses Généraux, avec laquelle agirent dans le cours de la guerre ces mêmes Puissances, qui n'ont pas eu honte de reprocher à cette Princesse qu'une seule fois & tout à la fin, elle eût osé suspendre les opérations de ses Troupes jusqu'à nouvel ordre. Mais je veux qu'ils prévissent quel seroit ce nouvel ordre ; ils prévirent donc qu'aussi tôt que Dunkerque seroit remis entre les mains de la Reine, elle consentiroit à une suspension d'armes pour deux mois, & les inviteroit à en faire autant. Ni cette prévision, ni la forte Déclaration que l'Evêque de Bristol fit à Utrecht par ordre de la Reine, & qui leur montra que sa résolution étoit prise de ne point plier sous la ligue dans laquelle ils étoient entrés contre elle, ne purent gagner sur eux de mettre ces deux mois à profit, en tâchant de renouveller leur union & leur bonne intelligence avec la Reine; quoique je puisse dire avec la plus grande vérité, & qu'ils ne puissent en douter dans le tems, qu'elle auroit fait plus de la moitié du chemin pour se rapprocher, & que ses Ministres auroient fait tout leur possible pour applanir la voye.

Alors même nous aurions pû reprendre la supériorité que nous commencions à perdre dans le Congrès: car la Reine & les Etats s'unissant, les principaux Alliés se seroient unis avec eux, & dans ce cas il auroit été tellement de l'intérêt de la France d'éviter tout hasard de voir recommencer la guerre, qu'elle auroit été obligée, & qu'elle auroit cherché, à s'assurer la paix durant la suspension, à des conditions beaucoup plus onéreuses pour elle & pour l'Espagne qu'elle n'a fait depuis. Mais les prudens & graves Etats continuerent à agir, comme des enfans mutins, ou comme des gens yvres, par ressentiment & par passion; & telle sera la conduite des plus sages Gouvernemens en toute conjoncture, où un esprit de faction & d'intérêt particulier prévaudra parmi ceux qui sont à la tête sur la raison d'Etat. Après avoir négligé toute bienséance en leur conduite par rapport à la Reine, ils négligerent toute précaution par rapport à eux-mêmes; ils déclarerent qu'ils feroient la guerre sans elle ; Landrecies leur sembloit d'une plus grande importance que Dunkerque, & la facilité de ravager quelques Provinces de France, ou de remettre tout l'événement de la guerre à la décision d'une autre Bataille, leur sembloit préférable aussi à l'autre voye qui leur étoit ouverte, j'entens celle d'éprouver de bonne foi, & en un honnête concert avec la Reine durant la suspension d'armes, si l'on ne pourroit pas imposer à la France des conditions de paix dont ils eussent lieu d'être satisfaits eux & les autres Alliés.

Si l'Armée des Confédérés eût pénétré en France la Campagne avant celle-là, ou en quelqu'une des Campagnes précédentes, & si les Allemands & les Hollandois eussent exercé alors les mêmes inhumanités, que les François avoient exercées dans leurs Provinces, dans les précédentes guerres, s'ils eussent brûlé Versailles & même Paris, & s'ils eussent troublé les cendres des Princes morts qui reposent à S. Denis, tout homme de bien auroit ressenti l'horreur que de telles cruautés inspirent, sans que personne eût pu dire que la représaille fût injuste. Mais en 1712 il étoit trop tard à tous égards pour méditer de telles projets. Si les François n'avoient point été préparés à défendre leurs frontieres, soit manque de moyens, ou sur une vaine confiance que la paix seroit faite (comme notre Roi Charles II n'étoit point préparé à défendre ses Côtes à la fin de sa premiere guerre avec les Hollandois) ; les Alliés auroient pû jouer à jeu sûr en satisfaisant leur vengeance sur les François (comme les Hollandois firent sur nous en 1667), & en leur imposant des conditions plus rudes que celles qu'ils offroient eux-mêmes, ou qu'ils étoient prêts d'accepter; mais ce n'étoit pas là le cas. L'Armée des François étoit, je crois, plus nombreuse que celle des Alliés, même avant la séparation de nos Troupes, & certainement en beaucoup meilleur état, qu'elle n'étoit deux ou trois ans auparavant, quand on répandit un déluge de sang pour les déloger; car nous ne fimes rien de plus à Malplaquet. Les Allemans & les Hollandois auroient-ils donc trouvé plus aisé de les forcer en ce tems-ci, qu'il ne le fut en ce tems-là ? Les François n'auroient-ils pas combattu avec autant d'acharnement pour sauver Paris qu'ils firent pour sauver Mons ? Et avec tout le respect qui est dû au Duc d'Ormond & au Prince Eugene, l'absence du Duc de Marlborough étoit elle sans conséquence ? Tournez cette affaire de tous sens dans votre esprit, Monsieur, & vous trouverez que les Allemands & les Hollandois ne rouloient autre chose dans le leur, que de rompre à tous prix & à tous hazards, les Négociations qui étoient commencées, & de réduire la Grande Bretagne à la nécessité d'être toujours, ce qu'elle n'avoit été que trop long-tems, une Province de la Confédération ; Province en effet, & non pas des mieux traitées, puisque les Confédérés s'attribuoient le droit de l'obliger à garder ses engagemens envers eux, & de se dispenser de leurs obligations envers elle, de l'épuiser sans régle, ni proportion, ni mesure, pour soutenir une guerre à laquelle elle contribuoit seule plus qu'eux tous, & où elle n'avoit plus d'intérêt direct, ni même aucun intérêt éloigné qui ne fût ou commun à tous, ou très-douteux par rapport à elle ; & de se plaindre après tout cela que la Reine osât entendre à des ouvertures de paix & mettre une Négociation sur pied, tandis que leur humeur & leur ambition demandoit que la guerre fût prolongée pour un tems indéfini, & pour un objet qui étoit ou mauvais en soi, ou indéterminé.

La suspension d'armes qui commença dans les Pays-Bas, fut continuée & étendue ensuite par l'acte que je signai à Fontainebleau. La fortune de la guerre tourna au même-tems, d'où fuivirent ces difgraces, qui obligerent les Hollandois à traiter, & à implorer l'affiftance de la Reine, qu'ils avoient mife en défiance contre eux, il y avoit fi peu de tems. Cette affiftance leur fut accordée, & fut auffi efficace qu'elle pouvoit l'être dans les circonftances auxquelles ils s'étoient réduits eux-mêmes & toute la Confédération; & la paix de la Grande-Bretagne, du Portugal, de la Savoye, de la Pruffe & des Etats-Généraux, fut faite fans le concours de Sa Majefté Impériale dans le printems de 1713, comme elle auroit pû l'être beaucoup plus avantageufement pour eux tous en celui de 1712. Moins d'obftination de la part des Etats, &

peut-être des résolutions plus décisives de la part de la Reine, auroient devidé en un tous ces fils séparés, & auroient fini ce grand ouvrage beaucoup plutôt, & beaucoup mieux. Je dis, peut-être des résolutions plus décisives de la part de la Reine; parceque quoiqu'il me semble que j'aurois envoyé ses ordres pour signer un Traité de paix avec la France, avant que les Armées se missent, en campagne, beaucoup plus volontiers que je ne les éxécutai ensuite, en signant celui de la cessation d'armes, cependant je n'oserois prononcer là-dessus; mais je vous prierai de le faire, Monsieur, en pesant bien toutes les circonstances dont je vais tout à l'heure vous retracer une partie.

La ligue formée pour prolonger la

guerre s'étant opposée à la Reine de toutes ses forces & par toutes sortes de moyens, dès les premieres apparences d'une négociation, l'effet que cette opposition violente produisit sur elle & sur ses Ministres, ce fut en général de les y faire proceder avec plus de lenteur & de circonspection ; & en particulier ce fut de les exciter à dessiller les yeux de la Nation, & à enflammer le peuple du desir de la paix, en montrant de la maniere la plus publique & la plus solemnelle, combien nous étions inégalement chargés, & combien nous avions été indignement traités par nos Alliés. Le premier de ces deux expédiens répandit sur leur conduite un air de défiance & de timidité, qui encouragea la ligue, & donna de la vigueur à l'opposition ;

le second irrita les Hollandois particulierement (car l'Empereur & les autres Alliés avoient au moins la modestie de ne pas prétendre qu'ils eussent gardé aucune proportion dans les frais de la guerre); & ainsi les deux puissances dont l'union étoit la plus essentielle, étoient les plus brouillées, & la Reine fut obligée d'agir plus de concert avec son ennemi qui demandoit la paix, qu'elle n'auroit fait si ses Alliés s'étoient moins opiniâtrés à vouloir prolonger la guerre.

Sur ces entrefaites, Mylord Oxford, qui avoit ses correspondances à part, & toujours un fil particulier de négociations entre ses mains, conçut des espérances que l'on ameneroit Philippe à abandonner l'Espagne en faveur du Duc de Savoye son Beau-

Pere; & à se contenter des Etats de ce Prince avec le Royaume de Sicile, & moyennant la conservation de son droit de succession à la Couronne de France. Je doute très-fort si Mylord avoit quelques raisons particulieres pour concevoir ces espérances, outre les raisons générales fondées sur la situation actuelle de la France, sur celle de la Famille des Bourbons, & sur la disposition de Louis XIV. Ce Prince recherchant & ayant besoin de rechercher la paix, pour ainsi dire, à tous prix, & voyant qu'il ne pourroit l'obtenir même de la Reine, à moins que Philippe n'abdiquât actuellement la Couronne d'Espagne, ou qu'il n'abandonnât expressément toute prétention à la Couronne de France, par une renonciation

& un Acte solemnel d'exclusion. Je ne puis douter que le premier parti ne fût le plus agréable à Louis XIV; je crois pareillement que Philippe auroit abandonné l'Espagne avec l'équivalent dont nous venons de parler, ou même avec quelque chose de moins, si le Roi de France d'aujourd'hui fût mort quand son Pere, sa Mere & son Frere aîné moururent, (car ils eurent tous la même maladie). Mais Louis XIV ne vouloit user d'aucuns moyens violens pour forcer son Petit-Fils; la Reine ne vouloit pas continuer la guerre pour l'y forcer; Philippe étoit trop obstiné, & sa femme trop ambitieuse pour quitter la Couronne d'Espagne dans le tems qu'ils avoient reconnu notre foiblesse & senti leur propre force dans ce Pays pas leurs succès dans la Campagne de 1710, après laquelle Mylord Stanhope étoit convaincu lui-même que l'on ne pouvoit conquérir l'Espagne, ni la garder, quand on l'auroit conquise, sans une beaucoup plus forte Armée qu'il ne nous étoit possible d'y envoyer. Dans cette position, il y avoit de l'absurdité à imaginer, comme le Comte d'Oxford imaginoit ou prétendoit être convaincu, qu'ils voudroient bien sacrifier la Couronne d'Espagne à une perspective incertaine & éloignée de succéder à celle de France, & se contenter d'être en attendant des Souverains de très-petits Etats. Philippe donc après avoir long-tems tergiversé pour n'être pas obligé de faire son option, jusqu'à ce que la succession de France lui fût ouverte, fut obligé de la faire, & se décida pour l'Espagne.

Or c'étoit là, Monsieur, la vraie crise de la Négociation, & c'est à ce point que j'applique ce que j'ai dit ci-dessus de l'effet des résolutions plus décisives de la part de la Reine. Il étoit clair que si elle faisoit la Campagne de concert avec ses Alliés, elle ne seroit plus maîtresse des Négociations, & qu'elle n'auroit presqu'aucun hasard favorable pour les conduire au but qu'elle se proposoit ; car nos mauvais succès en Campagne auroient rendu les François moins traitables dans le Congrès, & nos bons succès n'auroient pas rendu nos Alliés moins fiers. C'est sur ce principe que la Reine suspendit les opérations de ses Troupes, & conclut alors l'armistice.

Comparez à présent les apparences de cette démarche & son effet réel avec les apparences d'une démarche différente & les effets qui en auroient résulté. Afin de parvenir à faire la paix, la Reine étoit obligée de faire ce qu'elle fit, ou de faire plus; & afin de parvenir à faire une bonne paix, elle étoit obligée de se préparer à pousser la guerre, & non pas seulement d'en faire parade; car elle se trouvoit chargée d'une rude tâche, ayant à se garder également de ses Alliés & de ses Ennemis. Mais dans cette fermentation, où peu de gens consideroient chaque chose de sang froid, la conduite de son Général, après qu'il fut entré en Campagne, quoiqu'il couvrît les Alliés au Siége du Quesnoy, répondoit mal en apparence aux Déclarations que l'on avoit faites en diverses occasions avant l'ouverture de la Campagne, de vouloir pouffer la guerre avec vigueur. Cette conduite avoit un air de duplicité, & elle paffa pour telle parmi ceux qui ne combinoient pas dans leur efprit toutes les circonftances de la conjoncture, ou qui étoient infatués de l'idée que la continuation de la guerre étoit d'une néceffité indifpenfable pour la Nation. Le cri n'auroit pas pû être plus grand, quand la Reine auroit figné fa paix féparement, & je crois que les apparences auroient pû être expliquées auffi favorablement dans un cas que dans l'autre. Depuis la mort de l'Empereur Jofeph, il n'étoit ni de notre intérêt, ni de l'intérêt commun bien entendu, de mettre la Couronne d'Efpagne fur la tête de l'Empereur d'aujourd'hui. Auffi-tôt donc que Philippe eut fait son option; (& si la Reine eût pris de bonne heure sa résolution définitive, cette option auroit été plutôt faite) je présume que la Reine auroit pû déclarer qu'elle ne continueroit pas la guerre une heure de plus, pour procurer l'Espagne à Sa Majesté Impériale; qu'elle n'étoit plus tenue aux engagemens qu'elle avoit pris, tandis qu'il étoit Archiduc, la nature même de ces engagemens étant altérée par son élévation à l'Empire; qu'elle avoit pris des mesures efficaces pour prévenir à jamais l'union des Couronnes de France & d'Espagne; & que sur le même principe elle ne consentiroit pas à l'union actuelle des Couronnes Impériale & Espagnole, loin de combattre pour la procurer; que cette union étoit l'objet de ceux qui insistoient pour prolonger la guerre ; qu'ils ne pouvoient avoir d'autre objet, puisqu'ils aimoient mieux risquer de rompre avec elle que d'entrer en Traité, & qu'ils étoient si empressés de remettre aux événemens incertains de la guerre, la satisfaction raisonnable qu'ils pouvoient obtenir par toute autre voye sans aucun risque ; qu'elle ne vouloit pas s'en laisser imposer plus long-tems de cette maniere, & qu'elle avoit ordonné à ses Ministres de signer son Traité avec la France immédiatement après la reddition de Dunkerque entre ses mains ; qu'elle ne prétendoit rien prescrire à ses Alliés, mais qu'elle avoit stipulé en leur faveur certaines conditions que la France étoit obligée d'accorder à ceux d'entre eux qui signeroient leurs

Traités en même-tems qu'elle, ou qui confentiroient à une fufpenfion d'armes actuelle, & traiteroient durant cet armiftice fous fa médiation. Il y auroit eu plus de franchife & plus de dignité en ce procédé, & l'effet en auroit été plus avantageux. La France auroit plus accordé pour une paix féparée que pour une fufpenfion, & les Hollandois auroient été plus frappés de la nouvelle de l'une que de l'autre; fur-tout parce que ce procédé auroit été tout différent des leurs à Munfter & à Nimégue, où ils abandonnerent leurs Alliés fans aucun autre prétexte que l'avantage particulier qu'ils trouvoient à le faire. Une fufpenfion des opérations des Troupes de la Reine, ou même une ceffation d'armes entr'elle & la France, n'étoit pas un parti définitif, & ils pouvoient se flatter, & se flatterent effectivement de l'entrainer de nouveau sous leur joug & sous celui des Allemans. Cela n'étoit donc pas suffisant pour réprimer leur obstination, ni pour les empêcher de faire toute la funeste diligence qu'ils firent pour se faire battre à Denain. Mais ils auroient vraisemblablement perdu leurs vaines espérances, s'ils avoient vû les Ministres de la Reine prêts à signer son Traité de paix, & ceux de quelques-uns des principaux Alliés disposés à signer en même-tems ; auquel cas on auroit prévenu le revers qui suivit, & obtenu de meilleures conditions de paix pour la Confédération ; un Prince de la Maison de Bourbon, qui n'auroit jamais pû être Roi de France, auroit été assis sur le Trône d'Espagne au lieu d'un Empereur ; le fceptre d'Efpagne auroit été affoibli entre les mains de l'un, & le Sceptre Impérial fortifié en celles de l'autre ; la France n'auroit pas eu occafion de fe relever de fes difgraces précédentes, ni de finir une longue guerre malheureufe par deux Campagnes heureufes ; fon ambition & fa puiffance auroient décliné avec fon vieux Roi, & fous la minorité qui fuivit, au moins auroit-on tellement réduit fa puiffance par les termes de paix, fi on eût prévenu la défaite des Alliés en 1712 & la perte de tant de Villes que les François prirent cette même année & la fuivante, que fon ambition n'auroit plus été formidable, fuppofant même qu'elle eût continué ; au lieu que je penfe que l'Europe eft plus redevable aujourd'hui de fa tranquillité au manque d'ambition qu'au manque de puiſſance de la part de la France. Mais afin de pouſſer juſqu'au bout la comparaiſon de ces deux voies ; ſuppoſons que les Hollandois euſſent pris le même parti ſur la déclaration d'une paix ſéparée de la part de la Reine qu'ils prirent ſur ſa déclaration d'un armiſtice. Les diſpoſitions pour la Campagne dans les Pays-Bas étoient faites ; les Hollandois, comme les autres Conſédédés, avoient une juſte confiance en leurs Troupes & un injuſte mépris pour celles de l'Ennemi ; ils avoient été tirés de leur réſerve & de leur circonſpection accoutumée par l'ambitieuſe perſpective d'amples acquiſitions qu'on leur avoit adroitement fait entrevoir ; le reſte de l'Armée des Conſédérés étoit compoſé de

Troupes Impériales & Allemandes; tellement que les Hollandois, les Impériaux & les autres Allemands ayant un intérêt à décider qui n'étoit plus l'intérêt de toute la Confédération ils auroient pû s'unir contre la Reine en un cas, comme ils firent dans l'autre, de sorte que l'on n'auroit pas pû prévenir le revers qui suivit pour eux & pour la cause commune. Ce cas auroit pû arriver sans doute ; ils auroient pû se flatter qu'ils seroient en état de pénétrer en France & de forcer Philippe, par l'extrêmité où ils réduiroient son Grand-Pere, à résigner la Couronne d'Espagne à l'Empereur, même après que la Grande-Bretagne, & peut-être aussi le Portugal & la Savoye, se seroient retirés de la guerre (car ces Princes désiroient aussi peu que la Reine de voir la Couronne d'Espagne sur la tête de l'Empereur). Mais dans ce cas-là même, quoique la folie eût été plus grande, l'effet n'en auroit pas été plus mauvais. La Reine auroit été aussi à portée de servir les Confédérés, étant médiatrice dans les Négociations, qu'il étoit en son pouvoir de le faire, y étant partie ; & la Grande-Bretagne auroit eu l'avantage d'être délivrée ainsi beaucoup plutôt d'un fardeau qui lui avoit été imposé par des politiques fantasques & méchans, & qu'on lui avoit laissé porter si long-tems, qu'il étoit devenu tout-à-fait insoutenable. Au tems que nous aurions pû prendre l'une ou l'autre de ces deux voies, il y avoit des personnes qui jugeoient la derniere préférable à la premiere; mais on n'en fit jamais la matiere d'une délibération publique : en effet il ne fut pas possible, ayant perdu trop de tems à attendre l'option de Philippe, & la suspension des opérations, puis la cessation d'armes ayant été proposée au Conseil plutôt comme une resolution prise que comme une matiere à délibération.

Si vous (ou tout autre) jugiez, Monsieur, qu'en des circonstances comme celles où se trouvoit la Confédération en 1712, on auroit dû prendre la derniere voye; & couper le nœud Gordien, plutôt que de laisser languir une négociation ridicule, avec autant d'avantage pour les François que la désunion des Alliés leur en donnoit; enfin si l'on réprochoit la lenteur, la perplexité, la légereté, l'irrésolution en quelques occasions aux Conseils de la Reine en ces derniers tems ; si l'on disoit en particulier qu'elle ne saisit pas le moment précis, où la conduite de la Ligue formée contre elle étant exposée aux yeux de tout le monde auroit justifié tel parti qu'elle eût pu prendre, & qu'en vain déclara-t'elle aussi-tôt après que le moment fut échappé, que cette conduite l'avoit affranchie de tous ses engagemens ; enfin qu'elle auroit dû montrer une résolution ferme & hardie de détourner ses Alliés de la guerre, ou de se détacher elle-même de la Confédération, avant qu'elle eût perdu son ascendant sur la France ; si l'on objectoit tout cela, de toutes les preuves que l'on pourroit apporter pour soutenir ces objections, il résulteroit que nous fumes moins bons Politiques que bons Alliés; que l'envie qu'avoit la Reine de traiter de concert avec ses Confédérés, & la résolution qu'elle prit de ne point signer sans eux lui fit souffrir ce que jamais tête couronnée n'avoit souffert avant elle; & que là où elle erra, ce fut principalement par la patience, la complaisance & la condescendance qu'elle eut pour eux & pour ses propres sujets ligués avec eux.

On peut bien faire de semblables objections contre la conduite de la Reine dans le cours de cette grande opération, aussi-bien que des reproches d'infirmité humaine contre celle des personnes qu'elle employa dans le maniement de la même affaire, & je présume que ni ceux qui les ont précédé précédés, ni ceux qui leur ont succédé ne seroient à couvert de pareilles objections. Mais les principes sur lesquels Elle & ses Ministres agirent étoient honnêtes, les moyens qu'ils employerent étoient légitimes, & la fin qu'ils se proposerent étoit juste ; au lieu que le fondement même de toute l'opposition à la paix étoit posé sur l'injustice & sur la folie. Car que pouvoit-il y avoir de plus injuste que l'entreprise des Hollandois & des Allemands, qui vouloient forcer la Reine à continuer, pour leurs intérêts particuliers, & leurs vues ambitieuses, une guerre dont la dépense disproportionnée ruinoit le commerce de ses Sujets, & les chargeoit de dettes même pour les siécles à venir ? une guerre dont l'objet étoit si changé, que de puis l'an 1711, Elle la faisoit non seulement sans engagement, mais même contre son propre intérêt & l'intérêt commun ? Que pouvoit-il y avoir de plus fou ? (vous penserez que j'adoucis trop le terme, & vous serez bien fondé à penser ainsi) quoi de plus fou que l'entreprise d'un parti formé dans la Grande-Bretagne pour prolonger une guerre si ruineuse à leur Patrie, sans aucunes raisons qu'ils osassent avouer, excepté celle d'exhaler les ressentimens de l'Europe contre la France, & celle d'unir les Couronnes Impériale & Espagnole sur la tête d'un Prince Autrichien ? Or l'un étoit acheter la vengeance à trop haut prix, & l'autre étoit exposer la liberté de l'Europe à de nouveaux dangers par la conclusion même d'une guerre qui avoit été faite pour la défendre & l'assurer.

Je me suis fort étendu sur la conduite de ceux qui ont contribué à la paix d'Utrecht, & de ceux qui l'ont traversée ; sur la comparaison des mesures que prit la Reine en cette conjoncture, avec celles qu'elle auroit pu prendre ; & sur la considération des conséquences qui ont effectivement résulté de sa maniere d'agir, & de celles qui se seroient probablement ensuivies d'une façon d'agir différente ; parceque ce n'est qu'en nous accoutumant à ces sortes d'observations, de comparaisons & même de conjectures sur la conduite des différens Gouvernemens & des différens Partis, que nous pouvons retirer de l'étude de l'Histoire tout le fruit qu'elle est capable de produire. Par cet exercice de l'esprit, l'étude de l'Histoire (comme je l'ai observé dans l'une de mes premieres lettres) anticipe, pour ainsi dire, sur l'expérience, & nous prépare pour l'action. Si cette réflexion ne suffisoit pas pour excuser ma prolixité sur ce point, j'en ai une autre à ajouter que vous recevrez surement. Il y a dans notre Nation un Parti qui fut possédé de la rage de la guerre jusqu'à la mort de la Reine; depuis ce tems, les gens du même parti ont toujours été possédés de la rage des négociations : vous avez vu les conséquences de la premiere, vous voyez actuellement celles de l'autre. La fureur de la guerre acheva de ruiner notre Nation, qu'elle avoit commencé à appauvrir immédiatement après la révolution; mais elle donna alors (je dis, dans le cours de la derniere guerre) de la réputation à nos armes & à notre Conseil. Car quoique je pense, & que je sois toujours obligé de penser que nous agissions sur un faux principe, depuis que nous nous fumes départis de celui que l'on avoit posé dans la grande alliance en 1701, cependant il faut convenir qu'il fut suivi avec autant de sagesse que de courage. La manie des Négociations a couté au moins aussi cher à proportion: loin de payer les dettes que nous avions contractées en tems de guerre, elles sont encore à peu près les mêmes après vingt-trois ans de paix, les taxes les plus préjudiciables aux Commerçans sont toujours en *mortgage*, & celles qui sont les plus onéreuses aux Propriétaires des terres, au lieu d'être imposées en des occasions extraordinaires, sont devenues les fonds ordinaires pour le service courant de chaque année. Cela est d'autant plus sensible à tout homme qui a bien à cœur l'honneur & la prospérité de sa Patrie, que nous n'avons pas dans le cas présent cette vaine consolation que nous avions au moins dans l'autre. La manie des Négociations commença il y a vingt ans sous le prétexte de consommer le Traité d'Utrecht, & depuis ce tems-là jusqu'à présent, nos Ministres ont erré dans un labyrinthe sans fin : ils nous ont souvent rendus des objets d'aversion pour toutes les Puissances du Continent, & nous sommes devenus enfin des objets de mépris pour les Espagnols mêmes. Quel autre effet pouvions-nous attendre d'une conduite si absurde ? Quel autre salaire a-t-elle mérité ? Nous sortions épuisés d'une longue guerre ; & au lieu de prendre les mesures nécessaires pour nous procurer les moyens & la facilité de réparer nos forces & de diminuer nos charges, nos Ministres ont agi depuis ce tems-là jusqu'à ce jour, comme des gens qui ne chercheroient que des prétextes pour tenir la Nation dans cet état d'épuisement & toujours chargée du même fardeau de dettes. Telles ont peut-être été leurs vues ; & nous ne pourrions pas être surpris si ces gens-là venoient à déclarer que l'appauvrissement de la Nation est nécessaire pour maintenir le Gouvernement établi, après avoir si souvent déclaré que la corruption du peuple & l'entretien d'une Armée fur pied y étoient néceffaires. Votre fens droit, Monfieur, votre vertu, & votre amour pour votre Patrie vous détermineront toujours à vous oppofer à de fi indignes fyftêmes, & à contribuer de tout votre pouvoir à la guérifon de ces deux fortes de rages : la fureur de faire la guerre pour l'ambition d'autrui, & fans aucun intérêt proportionné qui foit relatif à notre Nation ; & la manie de négocier en toute occafion à quelque prix que ce foit, fans vocation fuffifante, & ayant à peine l'ombre de ce crédit que nous devrions avoir & qui donne tant de poids aux Négociations. Notre Nation habite une Ifle, & eft une des principales Nations de l'Europe ; mais pour nous

maintenir dans ce rang, il faut que nous profitions des avantages de cette situation, que nous avons négligés depuis près d'un demi-siécle : nous devons toujours nous souvenir, que nous ne faisons pas partie du Continent, mais nous ne devons jamais oublier que nous en sommes voisins. Je concluerai en appliquant à la part que la Grande - Bretagne doit prendre aux affaires du Continent, une regle qu'Horace donne pour la conduite d'un Poëme épique ou dramatique. » Ne faites point intervenir la Divi-
» nité, si le dénouement n'éxige une
» puissance extraordinaire,

Nec Deus intersit, nisi dignus vindice nodus Inciderit.

Si ces réflexions sont justes, comme je m'en flatte (car je ne vous les aurois pas proposées, si elles ne m'avoient paru également justes & importantes), vous trouverez, Monsieur, que je ne vous ai point fait perdre votre tems en vous les présentant, & en vous excitant par-là à examiner le véritable intérêt de votre Patrie par rapport aux affaires étrangeres, & à le comparer avec ces principes de Gouvernement que je suis persuadé qui ne sont fondés que sur des vues de parti des préjugés & des habitudes, l'intérêt particulier de quelques personnes, & l'ignorance & la témérité des autres.

Ma Lettre est devenue si longue, que je ne vous dirai rien aujourd'hui sur l'étude de l'Histoire moderne relativement aux intérêts de notre Patrie dans ses affaires domestiques, & je pense qu'il n'y aura aucune nécessité que j'y revienne jamais. L'Histoire de la Rebellion par votre Bisayeul, & ses Mémoires particuliers que vous avez en manuscrit, vous guideront sûrement jusqu'au tems où ils s'étendent. Là où ils vous laissent, vous ne devez vous attendre à aucune Histoire; car nous avons plus de sujet de faire cette plainte, que *nos Ecrivains ont entierement négligé l'Histoire,* * que Ciceron n'en avoit de la mettre dans la bouche d'Atticus dans son premier Livre des Loix. Mais où l'Histoire vous manque, vous commencez à en avoir moins de besoin : les Traditions de ce siécle & de la fin du dernier sont toutes fraîches ; il y a encore plusieurs personnes vivantes

* *Abest Historia litteris nostris.*

qui ont eu grande part à quelques-unes de ces affaires, & plusieurs qui ont conversé avec ceux qui ont eu la même part dans les autres ; le public est en possession de plusieurs Recueils & Mémoires, & il y en a plusieurs entre les mains des particuliers. Vous ne manquerez pas de matériaux pour prendre de justes idées d'événemens si récens. Les Libelles mêmes qui ont été écrits de différens côtés, & en différentes occasions dans nos querelles de parti, & des Histoires qui ne méritent pas plus d'autorité que ces Libelles, vous aideront à trouver la vérité ; lisez-les avec défiance, Monsieur ; car ces Auteurs sont justement suspects ; n'ayez aucun égard aux épithetes qu'ils donnent, ni aux jugemens qu'ils prononcent ; négligez toute déclamation, pesez les raisonnemens, & considérez bien les faits : avec de telles précautions, l'Histoire même de Burnet peut être de quelque usage. Au reste, Monsieur, mon assistance ne vous manquera point pour découvrir par quelle progression toute la constitution de notre Patrie & le caractére même de notre Nation a souffert une altération si considérable; & comment les gens que l'on appelle Whigs ont fait servir de longues guerres & de nouveaux systêmes d'administration, des revenus publics, depuis la révolution, à un beaucoup plus mauvais usage, (dans un sens patriotique, quoique beaucoup meilleur dans le sens d'une politique de cabale) que celui auquel les gens que l'on appelle Toris, avoient précédamment fait servir une longue paix & de vieilles prérogatives. Quand vous remonterez de trois ou quatre générations, vous verrez que les Anglois étoient des hommes francs, peut-être grossiers, mais humains & généreux, jaloux de leurs libertés, & toujours prêts & en état de les défendre avec la voix, la plume, & l'épée. Le *Rétablissement* * commença à changer l'hospitalité en luxe, le plaisir en débauche, les Seigneurs de nos Campagnes & les Bourgeois de nos Communes, en Courtisans & en Petits-Maîtres ; mais dans cette enfance de notre luxe, il n'excédoit guères la délicatesse ; l'esprit animoit la débauche de ce siécle, & la galanterie y répandoit un vernis ; ces Cour-

* des Stwards.

tisans & ces Petits-Maîtres connoissoient notre constitution, la respectoient, & souvent la défendoient ; les Arts & les Sciences florissoient ; & si nous commencions à dégénérer, au moins n'étions-nous encore ni honteusement ignorans ni Libertins effrontés. Depuis la *Révolution*, il est vrai que nos Rois ont été réduits en apparence à une dépendance annuelle du Parlement ; mais l'affaire du Parlement, qui en général étoit regardée auparavant comme un devoir, a été regardée depuis comme un vil négoce ; le trafic du Parlement & celui des fonds sont devenus universels ; & ceux qui font figure dans le monde, n'ont guères considéré autre chose. La fréquence des Parlemens, qui accrut leur importance & qui auroit dû leur attirer plus de respect, leur a fait perdre de leur dignité, & l'esprit qui y dominoit dans le tems que le service y étoit une affaire de devoir, s'est avili depuis que l'on en a fait une affaire de Commerce. Peu de gens connoissent la Constitution Britannique, & presque personne ne la respecte ; il y a long-tems que l'on se mocque de celle de l'Eglise, aussi long-tems que l'on néglige celle de l'Etat, & qu'on laisse l'une & l'autre à la merci des gens en place, quels qu'ils puissent être ; ainsi la Hierarchie Ecclésiastique, quoique si sacrée dans son origine, ou si sage dans son institution, est devenue un fardeau inutile à l'Etat, & l'Etat est devenu sous une forme ancienne & connue, <u>un Monstre nouveau & indéfinissable</u>,

composé

composé d'un Roi sans éclat Monarchique, d'un Sénat de Nobles sans indépendance Aristocratique, & d'une Assemblée de Communes sans liberté Démocratique. Depuis cette époque, Monsieur, l'idée même de tout ce qui peut s'appeller esprit & goût s'est perdue parmi les Grands, les Arts & les Sciences sont comme mourantes, le luxe s'est accru sans se rafiner, la corruption s'est établie jusqu'à oser se montrer à découvert, & pour pousser la gradation aussi loin qu'elle puisse aller, la Nation Britannique s'est soumise à être gouvernée seize ans durant par des W... Quand un Etat s'use, voilà ce qui arrive, la décadence paroît en toutes choses, vertus morales & civiles, goût national & particulier, science & esprit, tout décline à la fois.

Lettre VIII.

Je souhaite de tout mon cœur, Monsieur, que vous puissiez être long-tems & glorieusement employé à rétablir toutes ces choses, & à ramener notre Gouvernement à ses vrais principes. Quelques fautes que je puisse avoir commises dans ma vie publique, j'ai toujours chéri ma Patrie ; quelques défauts que l'on puisse me reprocher dans ma vie particuliere, j'ai toujours chéri mes amis ; quelque traitement que j'aie reçu de ma Partie, rien ne me fera jamais rompre avec elle ; quelque traitement que j'aie pû recevoir de mes amis, je ne romprai jamais avec aucun, tant que je le croirai zélé pour ma Patrie. Tels sont les sentimens de mon cœur, je sai que ce sont aussi les vôtres ; & une si heureuse conformité de sentimens est un puissant lien qui m'engagera à être tant que je vivrai,

Monsieur,

    Votre très-fidéle serviteur.

LETTRE
DE MYLORD
BOLINGBROKE,
A MYLORD
BATHURST,

Sur le véritable usage de la Retraite & de l'Etude.

Traduite de l'Anglois.

Nihil admirari.

LETTRE
A MYLORD
BATHURST

Sur le véritable usage de la Retraite & de l'Etude.

A Chantelou 1735.

MONSIEUR,

DEPUIS ma derniere Lettre, voici la premiere occasion favorable que j'aie eue de tenir la parole que je vous avois donnée. J'éviterai la prolixité, autant qu'il me sera possible dans une premiere ébauche de mes pensées ; mais souffrez que je vous les

A

donne comme elles naissent dans mon esprit, sans m'arrêter à les rédiger dans un ordre précis.

Quelque fiers que nous soyons de la Raison humaine, il ne sauroit y avoir rien de plus absurde que le systême général de notre vie & de notre science. Cette Faculté de distinguer, soit par un seul acte ou par un plus long examen, le vrai du faux, le juste de l'injuste, & ce qui est conforme à la Nature de ce qui y est opposé, ne nous a pas été donnée avec une main si avare que beaucoup d'apparences nous porteroient à le croire. Si on la cultivoit donc d'aussi bonne heure & avec autant de soin qu'on le pourroit, & si on en laissoit généralement l'exercice aussi libre qu'il devroit l'être, nos idées & nos opinions communes seroient plus conformes à la vérité qu'elles ne le sont, & comme il n'y a qu'une Vérité, elles seroient en même tems plus uniformes.

Mais cette légitime maitresse de la vie & de la science humaine, dont l'office propre est de présider à l'une & à l'autre, & de nous diriger dans la conduite de l'une & dans la recherche de l'autre, se trouve dégradée dans l'économie intellectuelle. On la réduit à un état bas & servile, au vil métier de fomenter des principes, de défendre des opinions & de fortifier des habitudes, qui ne viennent pas de son propre crû. Ceux qui lui font le plus d'honneur, qui la consultent, & lui obéïssent même le plus souvent, sont encore coupables de limiter son autorité, pour s'accommoder à des maximes, des regles, des systêmes enfantés par le hasard, l'ignorance ou l'intérêt, & consacrés par la coutume : la Coutume qui tire sa source des passions & des préjugés de la multitude & des desseins du petit nombre ; ce Singe de la Raison qui usurpe son trône, exerce son autorité & se fait obéïr par les hommes au lieu d'elle. Les hommes trouvent leur commodité à se prêter aux systêmes établis tant en spéculation qu'en pratique, le gouvernement leur y fait trouver leur avantage, & tout le but de l'éducation est de les plier à vivre sur la foi d'autrui toute leur vie. On emploie beaucoup de peine & beaucoup de tems pour nous apprendre à croire, mais très-peu ou point du tout pour nous apprendre à penser. On meuble de bonne heure

& on remplit bien le magafin de la mémoire, mais on néglige jufqu'à la fin la conduite de l'entendement, & on en interdit le libre exercice, en tous pays réellement, & en quelques-uns expreffément.

Il y a dans toutes les inftitutions humaines une étrange défiance de la Raifon : cette défiance eft fi marquée, que l'on forme en nous dès le berceau une foumiffion habituelle à telle ou telle autorité ; que l'on inculque dans nos tendres efprits des principes de raifonnement & des matieres de fait, avant que nous foyons capables d'exercer notre Raifon ; & que quand nous en fommes capables, on nous empêche, ou on nous fait appréhender de l'exercer, même à l'égard des chofes qui font par elles-mêmes les propres objets de la Raison, ou qui nous sont transmises sur une autorité, dont la suffisance ou l'insuffisance est très-évidemment de son ressort.

Les hommes de tous pays & de toutes langues qui cultivent leur Raison, portent les mêmes jugemens sur plusieurs sujets, tels que les loix générales de la Religion naturelle, & les regles générales de la Société & de la bonne police. En suivant le même guide, ils ont marché dans le même sentier, & les mêmes prémisses les ont conduits aux mêmes conclusions: au moins les différences sont légeres, aisées à concilier, & telles qu'elles ne sauroient par elles-mêmes caractériser & distinguer une Nation de l'autre & une Secte de l'autre. D'où vient donc qu'il y a d'autres points, sur lesquels les opinions les plus opposées sont soutenues, & quelques-unes avec tant de chaleur & de furie, que les hommes d'un côté de la Haie se feront tuer pour l'affirmative, & ceux de l'autre côté, pour la négative? *Toute Opinion est assez forte pour se faire épouser au prix de la vie*, dit Montagne *. Regardez-y de près, & vous trouverez que les points reconnus ici & contestés là, sont peu proportionnés à la simple raison, & à l'intelligence du commun des hommes. La Nature & la Vérité sont partout les mêmes, & la Raison les montre de même par-tout ; mais les causes accidentelles & autres, qui donnent la naissance & la vogue aux opinions

---

* Il m'arrive souvent de citer cet Auteur, aussi-bien que Seneque, plutôt à cause de l'énergie de l'expression, que pour l'importance de la matiere.

tant spéculatives que pratiques, sont variées à l'infini ; & par-tout où ces Opinions sont une fois autorisées par la coutume, & provignées par l'éducation, quelque différentes, incompatibles, contradictoires même qu'elles puissent être, elles prétendent toutes (& leurs prétentions sont toutes également soutenues par l'orgueil, par la passion & par l'intérêt) avoir chacune de leur côté la Raison ou la Révélation, ou toutes les deux ensemble, quoiqu'il ne soit pas possible que l'on ait ni la raison ni la révélation de plus d'un côté, & qu'il soit fort possible qu'on ne les ait ni de part ni d'autre.

De-là vient que les peuples sont Tartares & Idolâtres au Thibet, Turcs & Mahométans à Constantinople, Italiens & Papistes à Rome ; & quoique l'éducation soit beaucoup moins bornée, & les moyens de s'inftruire beaucoup plus à portée de tout le monde, en France & dans notre Patrie, cependant il arrive de même affez univerfellement qu'à Paris il fe forme des François & des Catholiques, & à Londres des Anglois & des Proteftans; car pour des Hommes en vérité, à proprement parler, il ne s'en forme nulle part. Chacun penfe felon le fyftême de fon Pays comme il en parle la Langue ; au moins y en a-t'il fort peu qui penfent, & pas un qui agiffe en aucun Pays, fuivant les lumieres d'une Raifon pure & impartiale ; à moins qu'on ne puiffe dire qu'ils le font, quand la Raifon les porte à parler & à agir conformément au fyftême de leur Pays ou de leur Secte,

en même tems qu'elle les guide à penser conformément à celui de la nature
& de la vérité.

Ainsi la plus grande partie des Hommes paroît réduite en un état plus bas
que les autres Animaux, à cet égard
même où nous nous arrogeons une si
grande supériorité sur eux ; parce que
l'Instinct qui fait son propre effet, est
préférable à la Raison qui ne le fait pas.
Je suppose ici avec les Philosophes &
avec le vulgaire, que les autres animaux n'ont aucune portion de Raison,
mais je suis fort éloigné de l'assurer :
car permettez-moi de le dire en passant, il y a beaucoup plus de vraisemblance que les animaux participent à
la Raison humaine, quoiqu'on le nie,
qu'à ce qu'on assure que l'homme par-
ticipe à la Raison divine. Mais suppo-

fant notre monopole de Raison ; ne préféreriez-vous pas, Monsieur, de marcher sur quatre pieds, de porter une longue queue, & d'être traité de bête, pour jouir de l'avantage d'être attaché par un instinct irrésistible & infaillible, aux vérités qui sont essentielles à votre bien être, plutôt que de marcher sur deux pieds, de ne porter point de queue, & d'être honoré du titre d'Homme, aux dépens de vous détourner perpétuellement de votre but ? L'instinct agit de lui-même toutes les fois que son action est nécessaire, & dirige l'animal selon les vues pour lesquelles il en a été doué. La Raison est une faculté plus noble & moins bornée ; car elle s'étend à l'inutile aussi-bien qu'au nécessaire, & à satisfaire notre curiosité aussi-bien que nos besoins : mais il faut qu'elle soit excitée, ou elle reste dans l'inaction ; il faut qu'on la laisse en liberté, ou elle nous conduit de travers, & nous entraîne plus loin hors de son propre district, que nous n'irions sans son aide : dans le premier cas, nous n'avons point de guide suffisant ; & dans le second, plus nous employons notre Raison, plus nous sommes déraisonnables.

Or si tout cela est ainsi, s'il est vrai que la Raison ait si peu de part, & que l'ignorance, la passion, l'intérêt & la coutume en ayent tant à former nos opinions & nos habitudes, & à diriger toute la conduite de la vie humaine ; n'est-ce pas une chose fort désirable pour tout homme qui pense, que d'avoir la commodité que le cours des accidens accorde à si peu de personnes, de vivre au moins quelques années à nous-mêmes & pour nous-mêmes, dans un état de liberté sous les loix de la Raison, au lieu de passer tout notre tems dans un état de vasselage sous le joug de l'autorité & de la coutume ? N'est-il pas bon de contempler & nous-mêmes & les autres & toutes les choses de ce monde, une fois avant que de les quitter ; sans autre milieu que celui d'une Raison pure, &, si cela se peut dire, immaculée ? N'est-il pas bon d'approuver ou de condamner sur notre propre autorité, ce que nous avons reçu au commencement de la vie sur l'autorité des autres hommes, qui n'étoient pas alors plus en état de juger pour nous, que nous ne sommes aujourd'hui de juger pour nous-mêmes.

Je ne nierai pas que l'on ne puisse faire tout cela, & même que quelques personnes ne l'ayent fait jusqu'à un certain point, en restant beaucoup plus répandues dans la Compagnie & dans les affaires du monde, que je n'ai dessein de l'être à l'avenir : mais on le fait toujours mieux dans la Retraite, & avec plus de facilité & d'agrément. Tant que nous demeurons dans le Monde, nous sommes tous enchaînés plus ou moins étroitement à un niveau commun, sans pouvoir prendre aucun essor, n'ayant pour rompre nos fers ni tout le loisir, ni tous les moyens & les avantages que nous pouvons nous procurer dans la Retraite. De parler de nous détacher de la matiere, oubliant le corps, & étant pour ainsi dire résous en une pure intelligence, c'eſt un jargon ſuperbe, métaphyſique, inintelligible: mais de nous détacher des préjugés, des habitudes, des plaiſirs & des affaires du monde, ce n'eſt que ce que pluſieurs (je n'oſe dire tous) ſont capables de faire. Ceux qui en ſont capables, peuvent élever leurs ames dans la Retraite à un poſte plus éminent, & prendre de là cette vue du Monde que le jeune Scipion prit (dans ſon ſonge) du haut des demeures céleſtes, lorſque toute la Terre lui parut ſi petite, qu'à peine y pouvoit-il diſcerner cette tache de pouſſiere qui faiſoit l'Empire Romain. Une telle vue accroîtra notre ſcience en nous montrant notre ignorance; elle nous fera diſtinguer tous les dégrés de probabilité, depuis le plus petit juſqu'au plus grand, & nous marquera la diſtance de celui-ci à la certitude; elle diſſipera les vapeurs enchantereſſes de la préſomption philoſophique, & nous apprendra à établir la paix de notre ame, là où elle peut ſeulement trouver un repos aſſuré, dans la réſignation; enfin une telle vûe nous rendra la Vie plus agréable & la Mort moins terrible. N'eſt-ce pas là une affaire, Monſieur, & la grande affaire? N'eſt-ce pas un plaiſir auſſi, & le ſouverain plaiſir? Le Monde ne ſauroit nous en fournir de ſemblable; il faut que nous nous retirions du monde afin de le goûter pleinement; mais pour avoir été dans le monde, nous ne l'en goûterons que mieux. La meſure de plaiſirs ſenſibles qu'un homme de mon âge peut ſe promettre eſt à peine digne

de la Retraite & de l'Etude. 17
gne d'attention : il en devroit être raſ-
faſié ; bien-tôt il n'y ſera plus propre, & il n'a beſoin que d'un peu de
réflexion pour faire perdre à ces ſor-
tes d'habitudes leur empire ſur lui, au
moins à proportion que ſon pouvoir
de s'y livrer diminue. D'ailleurs vous
ſavez, Monſieur, que mon plan de
Retraite n'exclut aucun de ces plaiſirs
qui peuvent être pris convenablement
& avec décence ; & pour dire la vérité, je crois que je m'en permets plus
dans la ſpéculation que je ne me trou-
verai en avoir beſoin dans la pratique.
Quant aux habitudes des affaires,
elles ne ſauroient avoir nulle priſe ſur
quelqu'un qui en a été ſi long-tems
fatigué. Vous pouvez m'objecter que
quoiqu'un homme ait rompu toutes
ſes habitudes, & qu'il n'ait pas même

B

autour de lui les cendres chaudes de l'ambition pour les ranimer, il ne sauroit renoncer à toutes affaires publiques auſſi abſolument que je ſemble le faire, parce qu'un meilleur principe, un principe de devoir peut l'appeller au ſervice de ſa Patrie. Je vous répondrai avec beaucoup de ſincérité. Perſonne n'a une plus haute idée de ce devoir que moi : je penſe qu'il n'y a preſque ni âge, ni circonſtances qui puiſſent nous en décharger entiérement ; non, pas même celles où je me trouve. Mais comme nous ſommes ſujets à prendre le mouvement de nos paſſions pour une vocation à remplir ce devoir ; auſſi quand ces paſſions ne nous pouſſent plus, il faut que la vocation ſoit bien réelle & bien claire pour nous produire ſur la ſcène. Ajoutez à cela qu'il y a différens moyens proportionnés aux circonſtances & aux ſituations différentes, de s'aquitter de ce même devoir. Du milieu de ma retraite, quelque part qu'elle puiſſe être fixée, je puis contribuer à défendre & à maintenir la conſtitution du Gouvernement Britannique; & vous pouvez compter ſur ma parole, Monſieur, que tant que je pourrai, je le ferai. Si quelqu'un vous demandoit, de qui j'attens ma récompenſe en ce cas? Repondez-lui en lui déclarant à qui je rens ce ſervice, *à Dieu immortel, qui a voulu que je tranſmiſſe à ceux qui doivent me ſuivre, ce que j'ai reçu de mes Devanciers* *.

Mais pour mener avec ſatisfaction

---

* *Deo immortali, qui me non accipere modo hæc à majoribus voluit, ſed etiam poſteris prodere.*

& avec fruit la vie que je me propoſe; il ne ſuffit pas de renoncer aux plaiſirs & aux affaires du monde, & de rompre les habitudes des uns & des autres. La Créature non chalante, dont l'intelligence s'eſt tenue toute ſa vie renfermée dans un cercle étroit d'idées ſuperficielles, ſans jamais s'attacher fortement à la recherche de la vérité, peut renoncer aux plaiſirs & aux affaires du monde (car nous voyons ſouvent de telles Créatures employées même dans les affaires publiques) elle peut rompre ſes habitudes, diſons mieux, elle peut ſe retirer du commerce des hommes & pouſſer le tems de la vie dans la ſolitude, comme un Moine, ou comme celui ſur la porte duquel on avoit écrit : *Cy gît un tel* ; prénant ſa maiſon pour un tombeau. Mais un tel personnage ne sera pas capable de faire le véritable usage de la retraite. L'application de son esprit qui auroit été agréable & aisée, s'il s'y étoit accoutumé de bonne heure, se trouvera disgracieuse & insoutenable à la fin ; des gens de cette espéce perdent leurs facultés intellectuelles faute de les exercer, &, pour avoir consumé leur jeunesse inutilement, ils sont réduits à la nécessité de consumer inutilement leur vieillesse. Il en est de l'esprit tout comme du corps ; celui qui est né avec une cervelle d'un tissu aussi fort que celle de Newton, peut se trouver incapable de pratiquer les régles communes de l'Arithmétique, précisément comme celui qui a la même élasticité dans ses muscles, la même souplesse dans ses ligamens & la même force dans ses nerfs que Jacob Hall, peut devenir un dormeur gras & pesant. D'un autre côté la Créature docile & maniable qui, toute sa vie, a cru inutile ou illicite d'examiner les principes ou les faits qu'elle a reçus dans la bonne foi dès le commencement, sera aussi peu capable que la premiere de faire servir sa solitude à aucune bonne fin ; à moins que nous n'appellions une bonne fin (car cela se fait quelquefois) d'affermir & d'exalter ses préjugés, de sorte qu'elle puisse vivre & mourir dans un délire sans intermission. Les préjugés invétérés d'une vie contemplative sont aussi difficiles à changer que les habitudes invétérées d'une vie indolente ; & comme il faut que les uns consument leur vieillesse inutilement, parce

de la Retraite & de l'Etude 23

qu'ils ont confumé inutilement leur jeuneffe, il faut que les autres fe tourmentent jufqu'à la fin dans un labyrinthe d'erreurs, parce qu'ils y ont tourné trop long-tems pour en retrouver l'iffue.

Il y a à la Chine un préjugé en faveur des petits pieds, & en conféquence on ferre tellement les pieds des filles dès le berceau, que les femmes de ce pays font toute leur vie incapables de marcher, fans chanceler & trébucher à chaque pas. Parmi les Sauvages de l'Amérique, il y en a qui ont en grande eftime les têtes plates & les oreilles longues, & en conféquence dès leur enfance ils compriment l'une & tirent les autres fi fort, qu'ils détruifent fans reffource les véritables proportions de la nature, &

se rendent pour toute leur vie ridicules aux yeux de tout autre qu'eux. Voilà l'image des deux caractéres d'esprit que nous avons décrits ; l'homme indolent ne fera pas un pas pour trouver la vérité, & l'homme à préventions ne se permettra d'en faire aucun pour la découvrir par une recherche impartiale.

Entreprendre d'acquérir l'habitude de la méditation & de l'étude à la fin de ses jours, c'est se mettre dans un petit chariot avec une barbe grise, pour apprendre à marcher quand on a perdu l'usage de ses jambes. En général, il faut que les fondemens d'une heureuse vieillesse soient posés dès la jeunesse ; & en particulier, celui qui n'a point cultivé sa raison étant jeune, sera absolument incapable de la *de la Retraite & de l'Etude.* 25

perfectionner dans le déclin de son âge. *Les vieillards conservent leur esprit, pourvû qu'ils conservent leur ardeur pour l'étude & leur application* *. Non seulement il faut que l'amour de l'étude & le désir de savoir se fortifient avec nous, mais il faut pareillement apporter une application infatigable, qui demande toute la vigueur de l'esprit, pour chercher la vérité au travers de ces longues suites d'idées & de tous ces réduits obscurs, où l'Homme (& non pas Dieu) l'a cachée.

J'ai senti cet amour & ce désir toute ma vie ; cette activité & cette application ne m'est pas absolument étrangere. Tandis que je courois dans

---

* *Manent ingenia senibus, modo permaneant studium & industria.*

la carriere des plaisirs & des affaires; je sentois je ne sais quoi toujours prêt à me souffler à l'oreille : *songe à dételer bien-tôt un Coursier qui n'est plus jeune.* * Mais mon Génie, bien différent du Démon de Socrate, souffloit si doucement, que fort souvent je ne l'entendois pas, dans le tumulte des passions qui me transportoient. Il y avoit quelques heures plus calmes, je l'écoutois dans ces momens ; la réflexion avoit souvent son tour, & l'amour de l'étude & le désir de savoir ne m'ont jamais entiérement abandonné. Je ne suis donc pas tout-à-fait sans préparation pour la vie que je veux mener, & ce n'est pas sans raison que je me promets plus de satisfaction dans la derniere partie de ma

---

* *Solve senescentem maturè sanus equum.*

vie, que je n'en connus jamais dans la premiere.

Vous trouverez, peut-être, Monsieur, que c'est un peu trop préfumer pour quelqu'un qui a déja perdu tant de tems ; vous me ferez fouvenir que la vie humaine n'a ni fecond Printems ni fecond Eté : vous me demanderez à quoi je penfe, de femer en Automne, & fi j'efpére moiffonner en Hyver ? Ma réponfe fera que je penfe fort différemment de la plûpart des hommes, au fujet du tems que nous avons à paffer, & de l'ouvrage que nous avons à faire dans ce monde. Je penfe que nous avons plus de l'un & moins de de l'autre que l'on ne fuppofe communément. La briéveté de la vie humaine eft un des principaux lieux communs des plaintes que nous proferons contre l'ordre établi des choses ? c'est la matiere des murmures du vulgaire, & des lamentations pathétiques du Philosophe ; mais dans l'un c'est une sottise, & dans l'autre une impiété. L'homme d'affaires méprise l'homme de plaisirs, parcequ'il consume follement son tems ; l'homme de plaisirs plaint ou raille l'homme d'affaires sur le même fondement ; & cependant tous les deux concourent avec autant d'arrogance que d'absurdité à reprocher à l'Etre suprême de leur avoir donné si peu de tems. Le Philosophe, qui fort souvent l'employe aussi mal que les autres, se joint au même cri & autorise cette impiété. Théophraste trouvoit extrêmement dur de mourir à 90 ans, & de sortir du monde précisément lorsqu'il avoit appris à y vivre : son maître Aristote reprochoit à la nature de traiter les hommes à cet égard plus mal que divers autres animaux; ni l'un ni l'autre ne se montroit Philosophe en cela; & je sais bon gré à Séneque d'avoir fait une querelle là-dessus au fameux Stagyrite *. Nous voyons en tant de cas une juste proportion des choses, conformément à leurs diverses rélations l'une à l'égard de l'autre, que la Philosophie devroit nous faire conclure que cette proporsion se trouve également dans ceux où nous ne saurions la discerner, & dans ceux même où nous croyons voir le contraire. C'est une présomption choquante de conclure autrement; c'est présumer que le système de l'Univers auroit été mieux conçu,

* Aristote qui étoit de Stagyre.

si des créatures, qui tiennent un rang aussi-bas que le nôtre entre les êtres intelligens, avoient été appellées au conseil du Très-Haut, où que le Créateur devroit réformer son ouvrage par l'avis de la créature. Cette vie, que notre amour-propre nous fait paroître si courte, quand nous la comparons avec les idées que nous nous formons de l'éternité, ou même avec la durée de quelques autres êtres, paroîtra à des yeux plus désintéressés, suffisante pour répondre à toutes les vues de notre création, & d'une juste proportion dans le cours successif des générations. Le terme considéré en lui-même est long ; nous le rendons court, & le manque dont nous nous plaignons vient plutôt de notre profusion que de notre pauvreté. Nous sommes tous des prodigues fieffés ; les uns dissipent leur bien en babioles, les autres en superfluités, & puis nous nous plaignons tous que nous manquons des nécessités de la vie. La plus grande partie ne s'amendent jamais, & meurent banqueroutiers à Dieu & aux hommes; les autres s'amendent tard, & quand ils viennent à compter avec eux-mêmes, & qu'ils voyent combien leurs fonds est diminué, ils sont portés à s'imaginer qu'il ne leur en reste plus assez pour vivre, parce qu'ils n'ont pas la totalité ; mais ils se trompent eux-mêmes, ils sont plus riches qu'ils ne pensent, & ils ne peuvent pas encore se regarder comme pauvres. S'ils ménagent bien le reste, il se trouvera suffisant pour toutes les nécessités, & peut-être pour quelques-unes des superfluités & même des babioles de la vie. Mais pour cela il faut renverser le premier ordre de dépense, il faut qu'ils pourvoient aux nécessités de la vie, avant que de se mettre en aucuns frais pour les babioles ou pour les superfluités. Laissons-là les Gens de plaisirs & les Gens d'affaires, qui sont ordinairement d'assez bonne foi pour convenir qu'ils perdent leur tems, & avouer par-là que le seul fondement de leurs plaintes contre l'Etre suprême, c'est qu'il n'a pas proportionné sa bonté à leur extravagance. Considérons le Savant, le Philosophe, qui loin de convenir qu'il perde aucun tems, reproche aux autres de le faire, ce célébre Mortel qui s'abstient des plaisirs & se refuse aux affaires du monde, afin de pouvoir

consacrer

de la Retraite & de l'Etude. 33

consacrer tout son tems à la recherche de la vérité, & à l'avancement des sciences. Quand un tel Homme se plaint en général de la briéveté de la vie humaine, ou en particulier de la portion qui lui reste ; un Homme plus raisonnable, quoique moins célébre, ne pourroit-il pas lui faire ainsi son procès ?

» Il est vrai, que la lecture fait le Sa-
» vant, mais tout Savant n'est pas Phi-
» losophe, ni tout Philosophe Hom-
» me sage. Il vous en a d'abord couté
» vingt ans pour dévorer tous les
» Volumes d'un côté de votre Bi-
» bliothéque ; vous devintes un Hom-
» me très-profond dans le Latin & le
» Grec, dans les Langues Orientales,
» dans l'Histoire & la Chronologie ;
» mais vous n'étiez pas encore satis-

C

» fait : vous confessiez que c'étoit *une*
» *érudition qui ne guérissoit de rien* * ;
» & il vous falloit encore du tems pour
» acquérir d'autres connoissances.
» Vous avez eu ce tems ; vous avez
» passé les vingt années suivantes sur
» l'autre côté de votre Bibliothéque,
» parmi les Philosophes, les Rabbins,
» les Commentateurs, les Scolasti-
» ques & toutes ces légions de Doc-
» teurs modernes. Vous possédez à
» fond tout ce qui a été écrit sur la
» nature de Dieu & de l'ame de
» l'Homme, sur la matiere & la
» forme, l'esprit, le corps & l'espace,
» les essences éternelles & les substan-
» ces incorporelles, & le reste de ces
» profondes spéculations ; vous êtes
» extrêmement bien versé dans les dif-

* *Litteræ nihil sanantes.*

» putes qui se sont élevées sur la Na-
» ture & la Grace, la Prédestination
» & le libre Arbitre, & dans toutes
» ces autres questions abstraites, qui ont
» tant fait de bruit dans les Ecoles,
» & tant causé de scandale dans le
» monde. Vous marchez en avant dans
» le même cours d'études, autant que
» les infirmités que vous avez contrac-
» tées vous le permettent; mais vous
» commencez à prévoir que vous man-
» querez de tems pour fournir cette
» carriere, & vous faites des plaintes
» ameres de la brieveté de la vie hu-
» maine. Il faut avouer que votre pra-
» tique ne dément pas vos plaintes;
» mais peut-être cesseriez-vous de
» vous plaindre, si vous soumettiez vo-
» tre pratique à un nouvel examen.
» Permettez-moi donc de vous de-

» mander de combien de milliers d'an-
» nées il faudroit que Dieu prolongeât
» votre vie, afin de vous réconcilier
» avec sa sagesse & sa bonté ? Il est
» évident, ou du moins extrême-
» ment probable, qu'une vie aussi lon-
» gue que celle du plus âgé des Pa-
» triarches, seroit encore trop courte
» pour répondre à vos vues, puisque
» les discussions & les controverses
» dans lesquelles vous êtes embarqué,
» ont déja été pendant beaucoup plus
» de tems les objets des recherches sa-
» vantes, & restent toujours aussi im-
» parfaites & aussi indéterminées quel-
» les étoient au commencement. Mais
» permettez-moi de vous demander
» encore (& ne nous trompez ni vous
» ni moi) : avez-vous, dans le cours
» de ces quarante ans, examiné une

» seule fois les premiers principes & les
» faits fondamentaux d'où dépendent
» toutes ces questions, avec une par-
» faite indifférence de jugement & une
» exactitude scrupuleuse ; avec toute
» celle que vous avez apportée à exa-
» examiner les diverses conséquences
» qui s'en tirent, & toutes les opi-
» nions hétérodoxes qui y ont quel-
» que rapport ? Si vous les avez exa-
» minés ainsi, quelqu'un pourra s'é-
» merveiller que vous ayez consumé
» tant de tems à une bonne partie de
» ces Etudes, qui vous ont rendu si
» étique & vous ont échauffé & af-
» foibli à un tel point. Mais si vous
» n'avez pas examiné ainsi vos pre-
» miers principes, si vous les avez
» tenus pour constans dans tout le
» cours de vos Etudes ; ou, supposé

» que vous ayez jetté les yeux de fois à
» autre sur l'état des preuves que l'on
» apporte pour les maintenir, si
» vous ne l'avez fait que comme un
» Mathématicien jette les yeux sur
» une Démonstration précédemment
» donnée, pour se rafraîchir la mé-
» moire & non pour s'éclaircir d'au-
» cun doute, il doit paroître évident à
» tout le monde, & à vous-même,
» pour peu que vous y réfléchissiez
» de sang froid, que (malgré toute
» votre érudition) vous êtes toujours
» dans un état d'ignorance ; car une
» fausse science ne sauroit en produire
» une véritable, & sans un tel exa-
» men des axiomes & des faits, vous
» n'en pouvez avoir aucune sur les
» conséquences.

On seroit bien fondé à faire ainsi le

procès à beaucoup de grands Clercs, beaucoup de Philosophes profonds, beaucoup de doctes Moralistes; & ceci peut servir à mettre les plaintes sur le manque de tems & la brieveté de la vie humaine, dans un point de vue fort risible, mais fort vrai. Tous les hommes tiennent, au moins sur les sujets les plus importans, des opinions qu'ils ont apprises par routine, & ils ont été élévés à les défendre avec obstination. On peut leur avoir appris des opinions vraies; mais soit vraies ou fausses, on inspire également partout le même zéle & le même attachement pour elles. Le Tartare croit aussi sincérement que l'ame de Foë habite dans son Dairo, que le Chrétien croit l'union hypostatique ou tout autre article du Symbole d'Athanase.

Or ceci répond en quelque façon à toutes les vûes de la Société, & peut bien suffire pour le vulgaire de tel rang que ce soit ; mais ce n'est pas assez pour l'homme qui cultive sa raison, qui est capable de penser & qui doit penser pour lui-même. Par rapport à un tel homme, toute opinion qu'il n'a pas ou formée lui-même, ou examinée à la rigueur & adoptée en conséquence, ne passera pour rien de plus que ce qu'elle est réellement, l'opinion d'autrui, qui peut être vraie ou fausse, sans qu'il puisse dire ce qui en est ; & un homme de cette trempe ne sauroit demeurer avec aucun repos d'esprit dans cet état d'incertitude, à l'égard des choses qui nous sont de la plus grande importance ici bas, & qui peuvent l'être encore à l'avenir. Il en fera donc les objets de sa premiere & principale attention ; s'il a perdu du tems, il n'en perdra plus ; & lorsqu'il aura acquis sur ces matiéres toutes les connoissances ausquelles il est capable d'atteindre, il lui importera peu s'il a du tems pour en acquérir de nouvelles. Eût-il passé sa vie dans les plaisirs ou dans les affaires du monde ; du moment qu'il s'attachera à cet ouvrage, il aura bientôt l'avantage sur le docte Philosophe ; car il aura bien-tôt assuré ce qui est nécessaire à son bonheur, & il pourra se reposer dans la jouissance paisible de cette science, ou procéder avec plus d'avantage & de satisfaction à l'aquisition de nouvelles connoissances, pendant que l'autre continue à courir après des choses qui de leur nature ne sont qu'hypothétiques, précaires & superflues, pour n'en rien dire de pis.

Mais cette régle n'est pas la seule dont l'observation puisse nous faire racheter notre tems, & nous donner l'avantage sur ceux qui s'imaginent en avoir tant, en fait de science, sur vous ou sur moi, par exemple, & qui méprisent notre ignorance. L'autre régle que j'entens, c'est d'être sur nos gardes contre tous les artifices ordinaires dont j'ai déja parlé, & que chacun est tout prêt à convenir que l'on a employés pour égarer ceux qui différent de lui. Défions-nous de nous-mêmes, mais défions-nous aussi des autres; nos propres passions peuvent nous faire tourner le dos à la raison, mais les passions & les intérêts des autres peuvent avoir le même effet. Il est au pouvoir de tout homme qui veut s'y attacher de bonne foi, de prévenir le premier de ces inconvéniens, & quand il l'aura fait, il en aura une certitude intime. Pour prévenir le second, il est une méthode assurée mais unique, c'est de remonter dans la révision de nos opinions, aux premiers principes sur lesquelles elles sont fondées, si éloignés qu'ils puissent être. Nul égard, nulle habitude, nulle certitude apparente quelconque ne doit nous détourner de cela ; toute affectation de nous en détourner doit accroître nos soupçons, & plus cet Examen est important pour nous, plus cette méthode d'y procéder devient indispensable. Ne nous effrayons ni de la difficulté prétendue, ni de la longeur d'une telle recherche ; car au contraire c'est non seulement le seul moyen sûr, mais c'est aussi le plus aisé & le plus court, pour arriver à une science réelle, & pour nous mettre en état de ranger les opinions que nous examinons dans les différentes classes du vrai, du vraisemblable ou du faux, selon la vérité, la vraisemblance ou la fausseté des principes d'où elles sont déduites. Si nous trouvons ces principes faux (comme nous les trouverons en beaucoup de cas) nous arrêtons tout d'un coup nos recherches sur ces articles, & nous épargnons une immense quantité de tems que nous y aurions perdu autrement. Le Musulman qui s'engage dans l'Examen de toutes les controverses, qui se sont élevées entre les Sectateurs d'Omar & d'Ali & des autres

Docteurs de sa Loi, ne manquera pas d'acquérir une profonde connoissance de tout le systême Mahométan, & aura autant de droit de se plaindre du manque de tems & de la briéveté de la vie humaine, qu'aucun Théologien ou Philosophe Payen ou Chrétien; mais sans tout ce tems & cette érudition perdue, il auroit pû découvrir d'abord que Mahomet étoit un Imposteur, & que l'Alcoran est un amas d'absurdités.

En un mot, Monsieur, celui qui se retire du monde dans la résolution d'employer son loisir principalement à revoir & à fixer ses opinions, est inexcusable s'il ne commence pas par celles qui lui sont les plus importantes, & s'il n'en use pas de bonne foi avec lui-même. Pour en user de bonne foi avec lui-même, il doit observer la régle sur laquelle j'ai insisté, & ne pas souffrir que les illusions du monde le suivent dans sa solitude. Notre Raison est notre Oracle : on consulte mieux cet Oracle dans le silence de la Retraite ; & quand on l'a ainsi consulté, quelle que soit sa décision, soit contre nos préjugés ou en leur faveur, nous devons avoir l'esprit tranquille : puisqu'assurément celui qui suit ce Guide dans la recherche de la vérité, comme lui ayant été donné pour l'y conduire, aura une beaucoup meilleure excuse à apporter, en quelque tems ou en quelque lieu qu'il puisse être appellé à rendre son compte, que celui qui s'est résigné soit de propos délibéré ou sans réflexion à telle autorité qui se puisse rencontrer sur la terre.

Lorsque nous en avons usé ainsi à l'égard de Dieu, de nous-mêmes & des autres hommes, des relations que nous avons par rapport à lui & à eux, des devoirs qui résultent de ces relations, & de la volonté positive de l'Etre suprême, soit qu'elle nous soit révélée d'une maniere surnaturelle par un Envoyé extraordinaire du Ciel, ou qu'elle nous soit découverte par l'usage légitime de notre Raison d'une maniere naturelle, nous avons fait la grande affaire de notre vie. La vie est tellement suffisante pour cela, qu'elle nous fournit encore du tems de reste, lors même que nous commençons tard : particuliérement si nous procédons en toute autre recherche suivant la même regle. Découcouvrir l'erreur dans les Axiomes ou dans les premiers principes fondés sur des faits, c'est la même chose que de rompre un charme; les Palais enchantés, les Rochers escarpés, les Lacs brulans disparoissent; & les sentiers qui menent à la Vérité, que nous nous figurions si longs, si embarassés & si difficiles, paroissent tels qu'ils sont, courts, ouverts & aisés. Quand nous nous sommes assurés du nécessaire, il peut nous rester du tems pour nous amuser aux superfluités, & même aux babioles de la Vie; *dulce est desipere*, dit Horace; *vive la bagatelle*, dit Swift; je ne m'oppose ni à l'un ni à l'autre, point au Philosophe Epicurien *, beaucoup moins au Philosophe Chrétien **; mais je deman-

* Horace.
** Swift.

de qu'une bonne partie de ces amusemens, soient des amusemens d'étude & de réflexion, de lecture & de conversation (vous savez quelle conversation j'entens); car nous perdons le véritable avantage de notre nature & de notre constitution, si nous souffrons que notre esprit reste, pour ainsi dire, *pendu au croc*. Lorsque le corps, au lieu d'acquerir une nouvelle vigueur & de goûter de nouveaux plaisirs, commence à baisser, & se lasse des plaisirs ou devient incapable d'en prendre; l'esprit peut continuer à faire toujours de nouveaux progrès, & se procurer chaque jour de nouvelles jouissances; chaque pas dans les sciences lui ouvre une nouvelle scene de délices, & la joie que l'on ressent dans la possession actuelle de l'une est rehaussée par celle que l'on espére de trouver dans l'autre ; de sorte qu'avant que nous puissions épuiser ce fonds de plaisirs successifs, la mort viendra finir tout à la fois nos plaisirs & nos peines. Celui qui s'occupe de ces études & de ces travaux, ne sent pas quand la vieillesse se glisse : ainsi l'âge baisse insensiblement & sans qu'on s'en apperçoive ; il ne tombe pas tout à coup, mais il se consume par sa durée *.

Voilà, Monsieur, la maniere la plus sage & la plus agréable dont un homme sensé puisse devider le fil de sa vie. Heureux celui dont la situation & les circonstances lui en donnent la commodité & les moyens! Quand il n'auroit pas

_____
* In his studiis laboribusque viventi, non intelligitur quando obrepit senectus : ita sensim sine sensu ætas senescit, nec subito frangitur, sed diuturnitate extinguitur.

de la Retraite & de l'Etude. 51

fait grand progrès dans les sciences, & qu'il s'y mettroit tard, la tâche néanmoins ne se trouvera pas difficile, à moins qu'il ne se soit trop écarté de sa route, ou qu'il ne continue à perdre son tems parmi les dissipations du monde, ou dans le loisir d'une vie retirée. » Celui qui remet d'heure en
» heure à bien vivre, c'est le Paysan
» qui attend que le fleuve s'écoule.

*Vivendi rectè qui prorogat horam,
Rusticus expectat dùm defluat amnis.*

Je connois (mieux qu'aucun ennemi que j'aie) & mes foiblesses naturelles, & le tort que je me suis fait à moi-même ; mais j'ai commencé & je persévérerai ; car celui qui suit le droit chemin en se trémoussant sur un cheval ruiné, gagnera plutôt le bout de sa traite, que celui qui galope hors de sa route sur le coursier le plus leger de New-Market.

Adieu, mon cher Monsieur, quoiqu'il m'en reste beaucoup à dire sur ce sujet, je m'apperçois cependant, & il y a sans doute long-tems que vous vous êtes apperçu que j'en ai déja trop dit, au moins pour une lettre. Il faut réserver le reste pour la conversation, lorsque nous nous rencontrerons ; c'est alors que j'espére confirmer sous vos yeux ma spéculation par ma pratique. En attendant, Monsieur, trouvez bon que je vous renvoye à notre ami Pope. Il dit que j'ai fait de lui un Philosophe; je vous assure qu'il a extrêmement contribué à faire de moi un Hermite, & je l'en remercie.

REMARQUES.

Page 5. Not. *In forma pauperis.*

C'est une formule usitée dans les Tribunaux d'Angleterre, pour ceux qui n'ont pas le moyen de faire valoir leurs droits. H.

Pag. 20. Not. *Thurlo.*

Secrétaire & confident de Cromwel. H.

Pag. 26. *Il étoit environné de grands Ministres formés à la même Ecole que lui-même. Ceux qui avoient travaillé sous Mazarin, travaillerent sur le même plan sous lui.*

La nouvelle Histoire du Siécle de Louis XIV présente une idée si difféfente du Cardinal Mazarin, qu'il semble qu'on y ait pris à tâche de le rabaisser. Ce n'est pas sur les Vaudevilles du tems, c'est sur les faits qu'il faut le juger. Né étranger, & Ministre dans une Minorité, il avoit trouvé la France plongée dans les plus grands embarras, & il la laissa à sa mort dans l'état le plus florissant. Ayant eu à soutenir tout à la fois des guerres civiles très-opiniâtres & des guerres étrangeres sans aucun relâche; il ménagea le tout avec tant d'habileté, que les unes ayant fini par l'humiliation de tous ses ennemis domestiques, il termina les autres par les deux Traités de paix les plus glorieux & les plus avantageux que la France ait peut-être jamais conclus (les Traités de Westphalie & des Pyrenées); & après tout cela, il laiſſa au Roi des Finances en meilleur ordre, des Armées plus fortes, des Sujets plus ſoumis, des Alliés plus affectionnés & des Ennemis plus conſternés que l'on n'eût jamais vû. On peut même dire que les plus belles années du Régne de Louis XIV ſont celles qui ont ſuivi immédiatement la mort de Mazarin, où ſon eſprit régnoit encore, & où on trouva tous les obſtacles à la grandeur de la France entiérement levés. Le Roi ayant commencé à changer de plan en 1672; à ces ſuccès auſſi ſolides que peu éclatans du Cardinal Mazarin ſuccéderent des expéditions extrêmement brillantes, mais beaucoup moins fructueuſes, & dont le dangereux éclat aliénant ſucceſſivement tous les Amis de la France & provoquant ſes

Ennemis au plus grand acharnement contr'elle, la réduisit enfin à deux doigts de sa perte. Voilà ce que M. de V. savoit aussi-bien que moi, & qu'il auroit pû rendre beaucoup mieux.

Pag. 35. *M. George Clarke*

Avoit passé par plusieurs Emplois honorables à la guerre, à la Cour, & dans le Parlement, & s'étoit trouvé lié d'amitié avec les personnes les plus considérées de son tems. Il a terminé parmi les Savans une longue vie sans reproche, qu'il avoit commencée avec eux dans l'Université d'Oxford. H.

Pag. 36. *Le Comte de Sandwich.*

Amiral d'Angleterre. B.

Pag. 39. *Fut l'ouvrage d'un Ministre Anglois.*

Le Chevalier Temple. B.

Pag. 78. *Pendant qu'il attendoi l'occasion*

l'occaſion d'acquerir à ſa famille la Couronne d'Eſpagne, il n'étoit pas ſans idées, ni peut-être ſans eſpérances d'y faire tomber auſſi la Couronne Impériale. Quelques-unes des cruautés qu'il exerça dans l'Empire peuvent être attribuées au dépit qu'il eut d'avoir manqué ce coup : je dis quelques-unes, car dans la Guerre qui finit au Traité de Nimégue, il en avoit déja exercé pluſieurs.

J'avoue que je n'entens pas trop ce paſſage (on peut néanmoins compter qu'il eſt traduit très-fidélement). Louis XIV attendit pendant 40 ans l'occaſion d'acquérir à ſa famille la Couronne d'Eſpagne (depuis 1660 qu'il épouſa Marie-Thérèſe, juſqu'en 1700 que Charles II mourut). Or pendant ces 40 ans, le Trône Impérial fut

Tome II.

toujours rempli par Léopold, qui l'occupa depuis 1658 jusqu'en 1705 On fait que le Cardinal Mazarin avoit fait quelques tentatives auprès des Electeurs en 1657 pour faire élire Louis XIV Empereur, mais il est manifeste qu'il s'agit ici des tems postérieurs non-seulement au Traité des Pyrénées, mais même à celui de Nimégue. Il sembleroit donc que Mylord Bolingbroke voudroit insinuer qu'après la paix de Nimégue (qui fut signée en 1678) Louis XIV avoit dressé ses batteries pour détrôner l'Empereur Léopold, & qu'ayant manqué son coup, il s'en prit à quelques Princes d'Allemagne. Cependant je ne puis croire encore que ce soit là ce que Mylord a voulu dire.

Pag. 152. *Cette Guerre auroit été prolongée à la vérité.*

Il s'agit toujours là de la Guerre qui s'alluma après la Révolution d'Angleterre, & qui fut terminée par le Traité de Riſwick.

Pag. 130. *Je n'entrerai point ici dans un long détail de ces grands événemens, Monſieur ; j'eſpere que vous les trouverez rapportés fidélement & expliqués à fond, dans un ouvrage qu'il y a beaucoup d'apparence que vous prendrez la peine de parcourir un jour, & que je laiſſerai plutôt que je ne donnerai au public.*

Il y a lieu de croire que l'Auteur parle ici d'une Hiſtoire générale de l'Europe, depuis le Traité des Pyrénées juſqu'à celui d'Utrecht, dont il a tracé le plan dans ſa Lettre à M. Pope, insérée à la fin du premier Tome. On assure que M. Mallet a deux Volumes in-quarto de la composition de Mylord Bolingbroke, prêts à paroître ; c'est apparemment l'Ouvrage dont il est ici question.

Pag. 136. *Canales.*

Ambassadeur d'Espagne en Angleterre. B.

Pag. 178. *La joie extravagante & indécente que les François avoient marquée peu d'années auparavant sur le faux bruit de sa mort, montroit à quel point ils le redoutoient vivant.*

Les François avoient vû un Particulier, n'ayant de Prince que le nom, traverser en tout & faire avorter tous les projets de Louis XIV, lui arracher des mains la conquête de la Hollande, s'en faire Stathouder, & de là étendant fa domination fur trois Royaumes, détrôner l'Ami & l'Allié de ce puiffant Monarque, tandis que Louis le Grand avoit à peine ajouté trois petites Provinces à fon Empire. Néanmoins M. de V. entreprend de démontrer que le Prince d'Orange n'étoit aucunement redouté en France ; mais c'eft trop abufer de l'efprit. Non-feulement il contredit en cela tous les Ecrivains de ce tems, foit Nationaux, foit Etrangers, mais il dément encore une infinité de Témoins vivans. Car combien n'avons-nous pas encore de Vieillards qui fe fouviennent très-diftinctement de ces tems-là, qui affurent que la terreur du nom de ce Prince eft le premier fon qui ait retenti à leurs oreilles ; que toutes nos Provinces Maritimes & Frontières étoient dans une crainte continuelle de quelques invasions de sa part ; & qu'une terreur panique se répandit en 1689 en moins d'un jour dans un quart du Royaume, où l'on en raconte encore aujourd'hui mille circonstances bizarres sous le nom de l'*allarme du Prince d'Orange*. Mais, dit M. de V., *les François regardoient alors leur Roi comme une Divinité* ; soit, mais il faut donc avouer aussi qu'ils regardoient le Prince d'Orange comme un Diable incarné, & la peur des Déités Infernales n'est pas incompatible avec la vénération des Puissances Célestes. M. de V. a beau dire qu'on haïssoit infiniment le Prince d'Orange, mais qu'on le méprisoit plus qu'on ne le craignoit : si on l'eût moins craint, on ne l'auroit pas tant haï ; peut-être ne l'estimoit-on pas assez ; mais on étoit bien loin de le mépriser. Le Duc d'Anjou allant régner en Espagne & ses Freres le conduisant, le Duc de Bourgogne lui dit, *Vous allez être Roi d'Espagne, & moi je serai Roi de France, il n'y a que ce pauvre Berry....* Le Duc de Berry (lors âgé de 13 ans) l'interrompit avec vivacité, *moi je serai Prince d'Orange, & je vous ferai enrager tous deux.* J'avoue que je ne tiens pas ce discours de la premiere main ; mais vrai ou faux, il est fort répandu, ce qui prouve au moins sa conformité avec l'opinion populaire.

Pag. 198. *Garth.*

Médecin & Poëte. H.

Pag. 217. *L'Amiral de Castille.*

Le Comte de Melgard *Amirante de Castille*, ayant été nommé par le Roi

Philippe V, Ambassadeur Extraordinaire en France, prétendit que c'étoit faire injure à son rang ; & ce fut le principal motif qu'il allégua pour quitter le parti de ce Prince, & se retirer en Portugal, où il se déclara pour l'Archiduc. C.

Pag. 218. *Mylord Townshend.*

Secrétaire d'Etat, & Plénipotentiaire à la Haye. B.

Pag. 219. *Au Pensionnaire.*
Heinsius.

Pag. 226. *M. Craggs.*

Depuis Secrétaire d'Etat, homme de mérite, fort attaché au Duc de Marlborough. B.

Ibid. Mylord Stanhope.

Le Comte de Stanhope, Général des Anglois en Espagne, & depuis Secrétaire 'Etat. B.

Pag. 230. *Une personne des plus distinguées dans le parti des Alliés.*

On croit que c'est Auguste II Roi de Pologne Electeur de Saxe. B.

Pag. 231. Not. *Buys.*

Ambassadeur d'Hollande à Londres. B.

Pag. 251. *Le feu Lord Oxford.*

Le Comte d'Oxford, Grand Trésorier sous la Reine Anne. B.

Ibid. Mylord Somers.

Grand Chancelier, qu'on regardoit comme la meilleure tête de l'Angleterre. B.

Pag. 256. *Le régne des Prérogatives.*

» Par le régne des Prérogatives je
» n'ai voulu dire autre chose que de dé-
» signer le tems qui a précédé la Révo-
» lution de 1688, & particuliérement

» les Régnes de Jacques & de Charles
» I, de Charles & de Jacques II, dans
» lesquels on a tâché d'attribuer au Roi
» chez nous des droits, sous le nom de
» Prérogatives, qui l'auroient tiré de
» page un peu plus que la constitution
» de notre Gouvernement ne permet;
» une sorte de Tradition orale que les
» Pharisiens de la Cour auroient éten-
» due & commentée de façon à détrui-
» re ou rendre inutile la Loi écrite. A.

Pag. 274. *Le Covenant.*

Espéce de Ligue des Presbytériens d'Ecosse.

Pag. 277. *La grande Charte.*

» La Loi qui s'appelle *magna Char-*
» *ta* n'est autre chose que cette grande
» Charte que les Barons ont obligé le
» Roi Jean de signer, après de longues
» guerres & en présence des deux Ar-

» mées, & qui déclare quels sont les
» droits du peuple Anglois, conformé-
» ment aux anciennes Coutumes &
» Loix, & particuliérement à celles
» d'Edouard le Confesseur, de qui le
» premier Normand prétendoit tenir
» son droit à la Couronne. Cette Char-
» te a été renouvellée plus d'une fois,
» & du tems d'Henri III, d'une façon
» fort solemnelle. A.

Pag. 291. *Par cette conduite si foible & si lente qu'elle laisse au moins en doute qui du Duc de Savoye ou du Prince Eugene contribua le plus à ce fatal échec.*

Je m'en suis tenu ici au Texte de l'Edition de 1738, mais je dois rendre compte de la différence que j'ai trouvée dans celle de 1752 : Voici donc ce qu'elle porte.

Par la conduite du Prince Eugene,

qui ne laiſſe aucun lieu de douter qu'il n'ait occaſionné ce fatal échec à deſſein, & de concert avec la Cour la Vienne.

Pag. 296. *L'Evêque de Briſtol.*
Plénipotentiaire d'Angleterre Congrès d'Utrecht. B.

Pag. 329. *Mortgage.*
Quoique ce terme de Juriſprudence ſoit commun à l'une & l'autre Langue, les Anglois n'y attachent pas tout-à-fait la même ſignification que les François; il n'en faut point d'autre preuve que ce paſſage même où le ſens de l'Auteur eſt aſſez clair.

Pag. 337. *Burnet.*
Evêque de Saliſbury.

Pag. 338. *Le Rétabliſſement.*
Les Anglois appellent ſimplement *le Rétabliſſement* ou *la Reſtauration*

la Révolution de 1660 ; où Charles II fut rappellé au Trône de ses Peres.

Pag. 341. *Par des W.*

En traduisant cette Lettre, il me fut aisé de sentir qu'il manquoit ici un mot ou deux, & qu'ils avoient été omis à dessein ; mais étonné de cette réserve de la part de l'Auteur, je pris la liberté de lui en demander la raison. Voici sa réponse.

» Il y a une ligne entiere qui man-
» que, non par oubli, comme vous
» l'avez bien deviné, mais par la trop
» grande prudence de Pope, qui n'a
» pas voulu que le Ministre & son fre-
» re y fussent nommés.

M. Mallet enchérissant sur la prudence de M. Pope, a retranché trois lignes de plus, afin que l'on ne pût pas même s'appercevoir qu'il manque là quelque chose, n'y en trouvant pas la moindre trace.

Fautes à corriger dans le Tome second.

Page	Ligne		Lisez
6	11	les cours	le cours
8	15	mecontens	mecontentemens
11	14	faveur	faveur
59	18	milles	mille
75	15	les	ses
102	15	,	.
137	2	où	ou
165	12, 13, 14,	cela étoit arrivé & il étoit raisonnable d'appréhender que cela	on avoit lieu d'appréhender que la même chose
197	17	toutes	toutes les
200	10	hasard	risque
208	8, 9	son état d'épuisement	l'état d'épuisement où elle se trouvoit
267	17	elles	elle
273	3	champs	champ

273	5	l'un	ceux
274	18	convenant	Covenant
290	1	*effacez* coup	
297	9	puissent	pussent
307	6	guerre	guerre)
319	11, 12	Confédedés	Conféderés

www.ingramcontent.com/pod-product-compliance
Lightning Source LLC
Chambersburg PA
CBHW052120230426
43671CB00009B/1064